面白いほどよくわかる！
恋愛の心理学

圖 戀愛心理學

談戀愛就像心理戰！

你的愛情，有多少真心話和大冒險？史上最強情場攻心術與識人術

日本知名心理學家
澀谷昌三——著

蕭雲菁——譯

前言

「戀愛的那一剎那，再悲傷或痛苦的事都能忘記。」（樋口一葉）
「愛情不過是一種詩情畫意的性慾表現。」（芥川龍之介）
「愛情是自戀與期望的交戰。」（斯湯達爾）
「被愛不代表幸福，愛人才是幸福。」（赫塞）
「愛情不只是瞬間迸裂的火花，還必須是能照亮彼此的光芒。」（梭羅）
「愛情的力量比死亡和對死亡的恐懼還強大。」（屠格涅夫）

與愛情有關的格言數也數不清，而愛人的感覺不論古今中外都一樣，人們總為愛情悲喜憂傷。沒有什麼東西會比愛情更公平，因為愛情完全不分人種與國家、地位、名譽。

而且明明男人都想追求女人、女人也想追求男人，卻在愛一個人時，才發現很難讀懂對方的心理，到後來甚至搞不清楚自己的心理，所以才說戀愛無解，更是人們永遠的課題。

但即使每個人各有不同，仍普遍存在男人的戀愛觀、女人的戀愛觀，其中一個要因是男女的腦部運作方式不同，不妨從這種普遍性的、生理上的要因所衍生出來的心理，來解讀男女對戀愛的心理。

不論誰都希望被愛與愛人，只要能實現這個願望，心靈就能得到滿足。希望各位讀者也能解讀自己的心理、對方的心理，進而找到能彼此相愛的伴侶。若本書多少能幫上忙，就是我最大的榮幸了。

澀谷昌三

目錄

第1章 從外表來分析對方心理

15～40

●表情與態度不會說謊！……16
1 注意對方眉間與臉頰的動作……16
2 從臉型等看穿個性……17

●從眼神看出好感……20
1 從視線分辨好感……20
2 注意視線所看的方向……21

●從笑法看穿真心……22
1 各種笑法……22
2 笑容的頻率……23

● 對方向你敞開心房？……24
◆ 敞開心房時的動作……24
● 看穿對方不想和你交談的樣子……26
◆ 不想交談時的動作……26
● 從手勢看出對方心理……28
◆ 注意手勢……28
● 從腳的動作看出對方心理……30
◆ 腳的動作會表露真心……30
● 從行為看出對方心理……32
1 愛管閒事人的人會毀了對方……32
2 善於誇獎的人都善於觀察……33

3 動作誇張的人較具社交性……33
4 愛忌妒的人都對自己的價值存疑……34
5 阿宅都是人畜無害又容易交往？……35
6 從拍照姿勢看出個性……36
7 一開車就像變了一個人？……37
● 從打扮看出對方心理……38
1 想成為什麼樣的人會投射在打扮上……38
2 對領帶的偏好……39
3 女性的髮型……40
LOVE 建議
男性是被看得愈多愈會喜歡對方……21
假笑無法蒙混過去？……23
這種應答法表示對你沒興趣？……27
女性會從腳開始靠近喜歡的人？……31
專愛無用男的女性都有「想救他症候群」……32

第2章

瞭解戀愛心理才能找到好伴侶

41～74

1 戀愛有多少種形態？……42
2 男性腦與女性腦、孕育愛的是什麼腦？……46
3 女性想嫁的是什麼樣的男性？……50
4 男性想要的是什麼樣的女性？……52
5 戀愛同樣很重視第一印象……54
6 讓對方喜歡自己的方法①……60
7 讓對方喜歡自己的方法②……62
8 人都會喜歡像自己的人……64
9 能成為戀愛對象的距離……66
10 如何脫離「友達以上戀人未滿」的狀態？……68
11 「似有意若無意」能刺激對方……70
12 不結婚的理由、無法結婚的理由……72

第3章 瞭解男人心、女人心並活用在戀愛上

75～150

男人心

1 不喜歡陪女人買東西 …… 76
2 每次見面就發牢騷 …… 78
3 很愛給建議 …… 80
4 愛開黃腔 …… 82
5 沒有幽默感 …… 84
6 在母親面前抬不起頭來的媽寶 …… 86
7 除非被接受自己是對的，否則不善罷甘休 …… 88
8 容易沉迷於收藏或遊戲 …… 90
9 追著偶像跑的阿宅 …… 92
10 遲遲安排不了約會行程 …… 94
11 很愛去「常去的店」 …… 96
12 對年長女性感到魅力 …… 98
13 對服務態度不佳的餐廳會發飆 …… 100
14 回應時都隨便敷衍過去 …… 102
15 很愛挑戰「高嶺之花」 …… 104

16 當結婚逼近眼前時會突然心生恐懼……106
17 強勢小白臉與弱勢小白臉……108
18 動不動就發飆、施暴……110

1 認為男人請客是應該的……112
2 很愛聊對方並不認識的朋友話題……114
3 其實只是希望引起對方共鳴……116
4 會喜歡年紀有如父親般的男人……118
5 很享受姊弟戀……120
6 會愛上動漫畫裡的男主角……122
7 每次都不說自己的意見……124
8 就是想知道他的一舉一動……126
9 決定結婚時反而開始猶豫……128
10 會因芝麻小事變討厭……130
11 擅長身體接觸……132
12 既做作又很會撒嬌……134
13 壁壘堅固無法攻破……136
14 非常陶醉於命運般的邂逅……138
15 男友沒有隨時在旁就覺得不安……140
16 只想成為他愛的那種女人……142
17 會有「生理上無法接受」的理由……144
18 總是喜歡無用男……146
19 就算是DV男也不分手……148

第4章

看懂男與女、戀愛與結婚行徑的心理

151～190

男與女

1 一見鍾情其實只是頭腦發昏？……152
2 無法決定選擇哪一個人……154
3 喜歡的人是個自戀狂……156
4 草食男與肉食女……158
5 為了心愛的人，什麼事都敢做……160
6 阻礙愈大就愛得愈濃烈……162
7 就愛束縛對方……164
8 愈吵感情愈好？……166
9 已讀不回的不安……168
10 忘不了甩掉自己的前男友（前女友）……170
11 男人與女人的眼淚有什麼不同？……172
12 遠距離戀愛都不長久？……174

夫妻

1 結婚對女人的意義、對男人的意義……176
2 當夫妻之間的愛已冷卻時……178
3 逃避與妻子交談的丈夫……180
4 塗改記憶的妻子……182
5 將所有精力貫注在孩子身上的妻子……184
6 離婚的理由是「○○不合」……186
7 退休離婚增加的原因……188

第5章 從口頭禪看出對方的戀愛心理

191～212

1 頻繁使用主詞「我」……192
2 即使已經很熟，講話還是很客氣……194
3 很愛賣弄艱深語句的男人……196
4 「我的男人運很差」……198

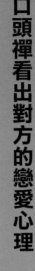

5 很愛炫耀……200
6 「就先」、「基本上」……202
7 「因為」、「可是」、「反正」……204
8 「總覺得○○」、「應該說○○」……206
9 「真的假的？」、「不會吧！」……208
10 女人最愛講「卡哇伊」……210

第6章 潛藏在男人、女人謊言下的心理

213～232

1 謊言的種類……214
2 男人與女人，誰比較會說謊？……216
3 男人與女人常說的謊言差異……218
4 女人為什麼能看穿男人的謊言？……220
5 男人無法看穿女人的謊言？……222
6 看穿謊言的訣竅……224
7 名為劈腿、外遇的謊言……226
8 謊言被揭穿時該怎麼辦？……230

第7章

與性有關的男人、女人心理

233～253

1 男人與女人對性的差異……234
2 什麼是濫交？……236
3 男人都愛胸部……238
4 讓女人覺得性感的男人……240
5 女人誘惑男人的技巧……242
6 讓男人不舉的語句……244
7 忍不住假裝高潮的女人……246
8 性騷擾的心理……248
9 很愛嘗試刺激的性……250
10 無性夫妻……252

戀愛心理見聞

❤魯日蒙的「愛」與斯湯達爾的「愛情」……43
❤試圖從腦來捕捉戀愛感覺的起始運動……49
❤傲嬌的落差讓人心動……71
❤在孩子發展過程中所需的戀母情結……87
❤要注意過度追著偶像跑的阿宅……93
❤潛伏在婚活裡的騙婚陷阱……109
❤愛講話的女性與扮演聽眾的男性反應……115
❤過度共鳴而損害精神的「同情心疲乏」……117
❤做作女的人生劇本與人格面具……135
❤「好用男」與「好用女」……155
❤希臘神話裡的納西瑟斯……157
❤偷看手機訊息屬違法行為？……165
❤光源氏其實也是個愛哭男……173
❤什麼時候會覺得「價值觀不合」？……187
❤內向的人要訓練自我主張……193
❤什麼樣的女性是能提升男人運氣的「幫夫女」？……199
❤不帥的「男子漢」同樣很搶手……211
❤不易分辨的謊言是哪種謊言？……223
❤小木偶的電影與原作差異令人震驚……225
❤牽手、親吻——從哪裡開始算劈腿？……227
❤好色一代男是庶民男性崇拜的男人？……237
❤虐待狂與受虐狂的由來……251
❤來自希臘神話的情慾和死亡本能……253

◐提升戀愛力量講座◐

《1》想拉近彼此距離，就約吃飯——午餐技巧……74
《2》反向利用「傳聞一定會傳到本人耳裡」——溫莎效應……150
《3》當愛情冷卻下來，終將破局時——突然變心的理由……190
《4》忌妒過頭與完全不忌妒都不行——吃醋的程度最剛好……212
《5》為邂逅完美的伴侶——比馬龍效應與自我應驗預言……232

索引……254〜255

PART 1

從外表來分析對方心理

表情與態度不會說謊！

臉部表情與態度，都會如實呈現人的心理。
戀愛時不論身體還是心靈，都只想和自己所愛的人合而為一。
或許也是因為如此，自己的心才會時而表現得很直接、時而變得扭曲。
若有絲毫不假的真實存在，那就是……

1 注意對方眉間與臉頰的動作

眉間有皺眉肌、臉頰有顴骨肌，這二個肌肉都會在下意識裡隨著情緒活動。皺眉肌是讓眉間產生縱向皺紋的肌肉，顴骨肌是讓臉頰上下活動的肌肉。

眉間出現皺紋

▼

你說的話很無趣

即使對方嘴巴說「好有趣喔」，仍表示其實覺得很無趣，此時最好趕緊打住相關的話題。

臉頰往上抬

▼

對你的話感到興趣

即使對方嘴巴說「我沒什麼興趣耶」，但只要露出這種表情來，就表示其實很有興趣。

2 從臉型等看穿個性

臉能決定人們的第一印象，某種程度可以解讀出一個人的個性。

圓臉

▼

善於社交且好感度高

能給對方一種安心感，因此具有好感度，實際上也以善於社交的人居多。不過也因為多被周遭人善待，因此容易任性。

四方臉

▼

努力又頑固

兩腮較寬的四方臉，屬於努力型的人，不會輕易放棄，因此被認為「看起來很有毅力」。

三角臉

▼

有智慧且善於處世

下巴較細，給人較尖銳的感覺，不如圓臉受人歡迎，也沒有四方臉的頑固性質。屬於聰明又具感性的人，所以善於處世。

高鼻

▼

自尊心強

大多充滿自信，凡事都很積極，也是容易「高傲」的人。

塌鼻

▼

消極又低調

比較消極，即使遇到機會也會退後一步，因此較受周遭人喜歡。

大眼睛

好奇心旺盛且行動力高

學習慾望很強，屬於行動派，也容易給人一種性急的印象。個性坦率又善良，也很有責任感，所以精神面容易受打擊。

小眼睛

深思熟慮型，會極力避開糾紛

屬於凡事會仔細思考後再採取行動的腳踏實地型，而若真的發生問題，往往會遲遲不解決。

大嘴巴

有行動力且活潑

充滿能帶給周遭明亮氣息的活力，也很會說話，但往往欠缺思考。

小嘴巴

低調又細心

給人一種成熟大人又低調的感覺，待人處事也很細心，所以和大嘴巴的人在一起，或許會很搭。

厚唇

熱情又重感情

一旦墜入情網，很容易瞬間燃燒起來，屬於只要喜歡對方，就會徹底為對方奉獻的人。

薄唇

冷靜又理性

行動時非常理性，即使面對戀愛的對象，只要發現對方對自己沒有任何好處，就有可能早早切斷關係。

臉部左側屬於私底下的臉 右側屬於面對公眾的臉

人類的臉部並非完全左右對稱，同樣的道理，表情也不會左右對稱。一般認為，左側會露出真心的表情，右側會露出世俗的表情，這是因為右腦負責想像與情緒、左腦負責語言和理性思考所致。腦與身體的關係因延髓交叉而左右相反，所以情緒會強烈表現在臉部左側。

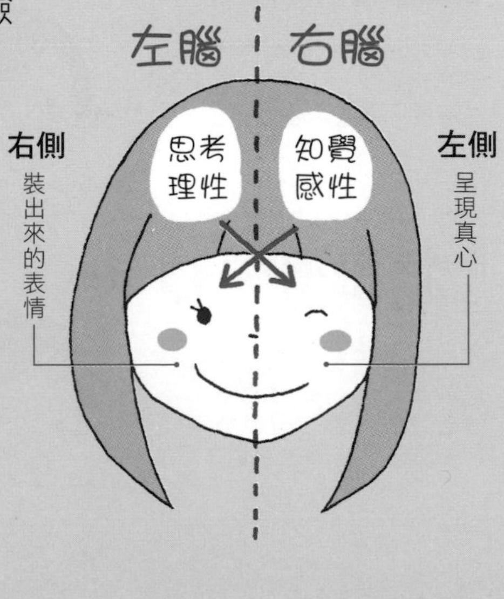

從眼神看出好感

眼睛閃閃發光、眼神非常黯淡……。

有數不清的語句可以用來形容眼睛，因為眼睛比嘴巴更能傳達心意。

要用眼睛說謊，絕不是一件簡單的事。

喜歡對方的心也是一樣，不妨從眼睛來解讀對方心理。

1 從視線分辨好感

從對方視線的移動方式，可以看出對方對你的看法。

凝視 ▶ 男：支配慾強 女：親和慾強

支配慾強的男人，習慣由上往下看對方，也是擁有好感的表現。女性則習慣抬起眼睛來看對方，以表示好感。

眼神飄忽不定 ▶ 很緊張

雖然抱持好感，但因為對自己沒有自信，或因為緊張的緣故，導致眼神拚命轉動而安定不下來。精神面不夠穩定的人，也常有這種情形。

雖然四眼相望，視線卻飄向左或右 ▶ 表示拒絕

話不投機或意見相左時，表示想劃清彼此界線。若視線往下看，則表示畏懼對方。

眼神交會的瞬間，立刻移開視線 ▶ 很在意

表示對方正在觀察你。此時處於難為情、雖然喜歡卻不敢告白的狀態，但其實等於在告白自己非常在意對方了。

2 注意視線所看的方向

朝向右上

不是正在想像以往不曾看過的景象，就是打算說謊。

朝向左上

正在回想過去的體驗或曾經看過的風景。

朝向右下

正在描繪身體上的想像（肉體上的痛苦等）。

朝向左下

正在描繪聽覺上的想像（音樂或聲音等）。

LOVE 建議

男性是被看得愈多愈會喜歡對方

男性似乎被女性看得愈多，愈會喜歡該女性，但女性不論被男性如何凝視，也不見得會因此喜歡該男性，反而有可能覺得「好噁心」、「好煩」，因此出現排斥反應，所以男性千萬要注意，不能過度盯著女性看。

從笑法看穿真心

基本上笑容一定能帶給對方好印象。只是那個笑容到底是真心的？還是裝出來的？當然會給對方完全不同的印象。從笑法可以看穿一個人的個性和當時的心情。當然也別忘了隨時確認自己的笑法。

1 各種笑法

「哈哈哈」的開懷大笑

▼

向對方敞開心房

大大張開嘴巴，表示向對方敞開心房，是開朗又活潑的人，也很會開玩笑。不過也有不擅長控制情緒的一面，屬於想到什麼就說什麼的人。

「呵呵呵」的含蓄笑法

▼

一邊笑
一邊在觀察對方

儘管在笑，仍有餘力一邊注意自己的表情，甚至是觀察對方的表情。很擅長控制自己的情緒。

「哼」的用鼻子笑

▼

有點瞧不起對方

往往具有很強的菁英意識，讓人覺得不舒服。

2 笑容的頻率

不常笑的人

▼

常常緊張，
且擁有較強的較勁心理

日常生活裡就經常緊張，也會對同事或同伴抱持競爭心，擁有較強的較勁心理。

笑口常開的人

▼

親和慾強

想和人們感情融洽，隨時都想和人在一起，屬於心靈上比較從容的人。

LOVE 建議

假笑無法蒙混過去？

儘管女性比男性更擅長製造表情，唯獨假笑似乎很難騙過對方。例如面對討厭的男性時，即使想以假笑蒙混過去，「厭惡」的情緒仍會呈現在某個表情裡，例如眼睛沒有笑、或者皮笑肉不笑等等情形。

不僅如此，女性也比男性更懂得察覺對方的假笑，顯見女性的確擁有比較敏銳的觀察眼力。

真的覺得好笑而笑時

嘴巴會先笑出來，接著眼睛也跟著笑起來，然後全身也會開心地抖動。

假笑時

眼睛與嘴巴同時笑起來，或只有臉部右側在笑（➡P19），或只有嘴巴笑但眼睛不笑。

對方向你敞開心房？

對方向你敞開心房時，表示對你有好感。而且對方通常會在自己也沒注意到的情況下，透過動作表現出來。不妨同時確認看看你自己的動作吧。

敞開心房時的動作

對方的身體朝向你

表示對你有興趣，而如果對方的身體還稍微往前傾，表示對你深感興趣。

靠近對方時對方並不討厭

若彼此的距離為伸手可及（個人距離），而對方並沒有表示不愉快，就證明對你有好感。若是情侶或夫妻等屬於親密關係的人（親密距離➡P67），距離就會更近。

對方有時會碰觸你的身體

不論男性或女性，只要碰觸對方的身體，就表示對對方有好感。以男性來說，此時代表他很積極，很想將對方據為己有；若是女性，則代表想縮短彼此的距離。

雙腳自然地張開

尤其是男性，若坐下來時自然地張開雙腳，表示對對方採取開放態度，對對方擁有好感。

雙手自然地張開

表示對方正在接受你。若雙手交叉，則表示拒絕（自我防衛➡P183）。

談論自己的隱私

如果沒有敞開心房，就不可能談論自己的隱私，所以只要對方談起自己的隱私，表示完全對你敞開心房了。

對方的動作和你一樣

當你喝飲料時，對方也跟著喝飲料；當你翹腳時，對方也正好翹腳等（相似法則➡P64）。

看穿對方不想和你交談的樣子

對方對你是否有好感，也能從對方對你的話題是否有興趣的反應來做判斷。若發現對方似乎不想和你交談，或許就該考慮換個方式來引起對方的興趣。

不想交談時的反應

持續沒有意義的動作

明明杯子裡已經是空的，仍想拿起來喝，或玩起手機，甚至翻著包包裡的東西，開始採取毫無意義的動作。

每次點頭至少三次

無視話題內容輕重，若每次都點頭示意超過必要的次數，表示對方希望你能快點轉換話題，甚至覺得聽你說話很麻煩。

開始咳嗽

明明沒怎樣還刻意咳嗽，表示不想聽對方說話，甚至有可能是對話題內容抱持異議。

開始摸耳朵或頭髮

為了不讓對方繼續說下去，有時會露出很無聊的表情，並開始做這些動作。當然也有可能純為個人的習慣動作。

在椅子上抬起腰來

一副很想離開現場的樣子，還將腰稍微抬起來，完全是想離去的準備動作。有時還會用手抓住椅子扶手。

找藉口離開座位

「我打個電話」、「我上個洗手間」等，找藉口離開座位時，表示對方只想早點走人。

經常說「總之」

在你說話時，若對方不斷說「總之」，一直想替你整理結論，表示對方只想早點結束談話。

交談時雙手叉腰

若對方伸直膝蓋還雙手叉腰站著和你說話，同樣表示對方「只想早點結束談話」。

LOVE 建議

這種應答法，表示對你沒興趣？

當你主動向對方說話時，若對方花很多時間才回應，或根本反應冷淡時，最好趕快結束話題，因為對方此時應該只想和你保持距離。

- 沒有馬上回應
- 開始談起與提問毫不相干的話題
- 苦笑或完全不回答
- 不認真回應，只是顧左右而言他

從手勢看出對方心理

人不只眼睛會說話，就連手的動作同樣會說話。因為人在交談時，為了掩藏內心的動搖，或為了表現內心的喜悅，手會不自覺地動起來。不妨從對方的手勢來觀察對方心裡究竟在想什麼。

注意手勢

輕輕握手

▼

表示反應還不錯，可以繼續談下去。

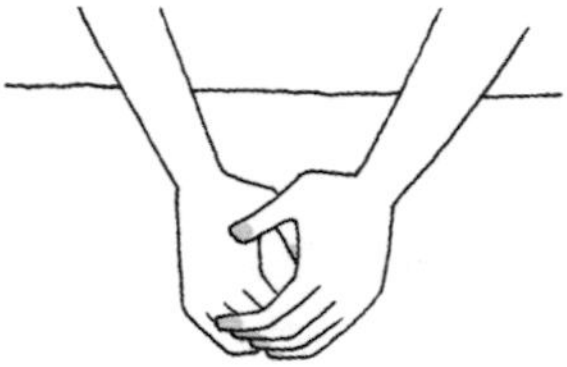

張開手指、沒有握手

▼

正處於放鬆狀態，表示接受了對方。

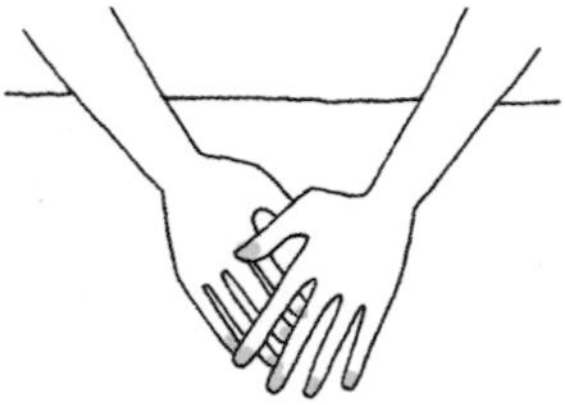

用手指敲桌子

▼

會用手指尖敲桌子，表示正處在不耐煩的狀態裡。

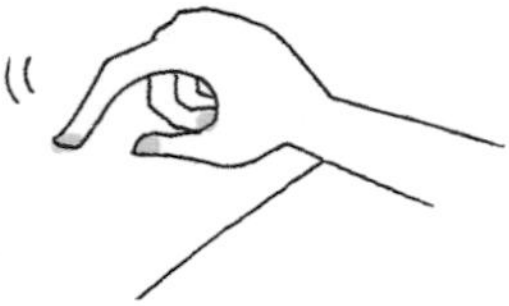

雙手不斷動著

▼

當人充分用腦在思考時，很容易雙手交握或捏指頭，不斷地動來動去。

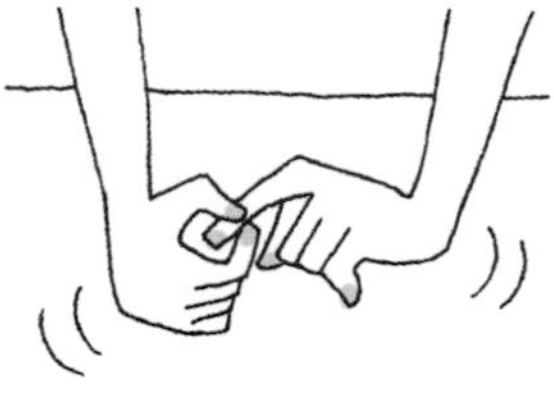

緊緊握著拳頭

▼

表示「NO」，顯示對方並不想繼續聽下去。

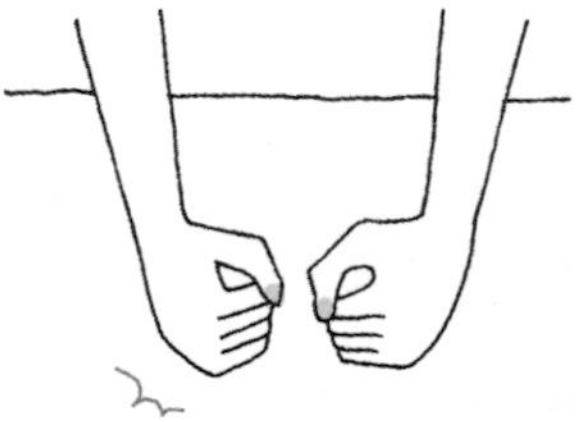

搔頭

這是覺得困擾時常見的動作。若是男性搔後腦勺，表示對眼前的女性擁有好感。

摸下巴

代表防衛，深怕對方用言語攻擊，所以要保護自己，或是提醒自己發言時要特別慎重。

摸鼻子

一邊聽對方說話一邊摸鼻子，通常表示對對方所說的話感到懷疑，心裡不斷冒出「真的嗎？」的問號。

說話時將手藏起來

說話時若將手藏在背後或伸進口袋裡，表示相當警戒對方。

雙手托著下巴

若雙手托著下巴發呆，表示覺得很無聊，因為雙手托下巴的舉動，通常代表用來取代能安慰自己的人的雙手，簡單地說，就是利用自己的手來安慰自己（自我親密行為）。

雙手交握在後腦勺上

表示對對方抱持優越感。若是一人獨處時採取這個姿勢，則表示非常放鬆。

從腳的動作看出對方心理

與異性談話時，對方的腳通常會採取哪些動作或狀態？由於人們很少會意識到自己腳的狀態，所以更容易看出對方真正的想法，明白對方到底是接受你、還是拒絕你。

腳的動作會表露真心

雙腳筆直併攏地坐著

看起來很正式，表示彼此還不熟稔，因此對對方抱持警戒，也不希望對方太深入打探自己的事。

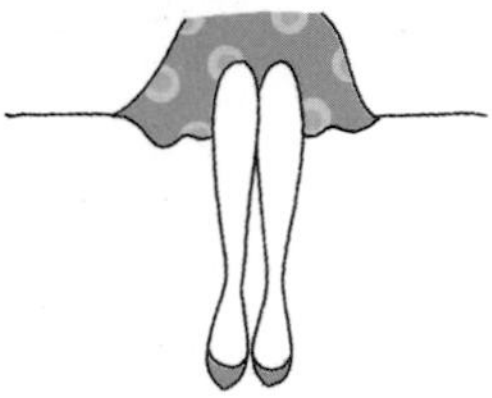

大大張開雙腳坐著（男性）

對對方採取開放的態度，表示對對方抱持好感。

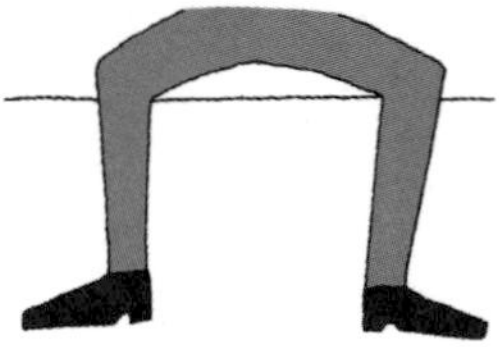

併攏雙腳並傾向左邊或右邊地坐著（女性）

表示很驕傲，是個很有自信的人，而且受到讚美時，往往容易得意忘形。

雙腳腳踝交叉地坐著

表示精神面還很幼稚，而且以浪漫派的人居多，也很愛幻想。

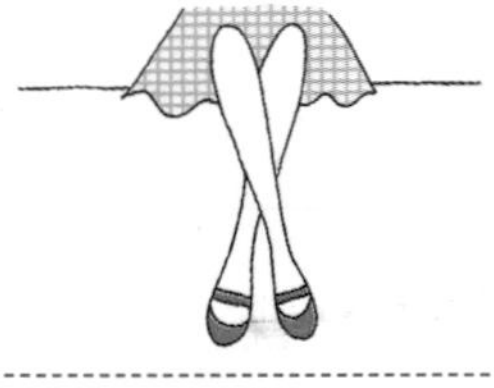

不斷左右交替地翹腳

表示覺得很無聊，為轉換心情才不斷換邊翹腳，有時也代表不滿足。

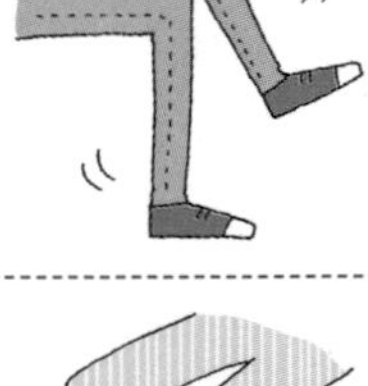

抖腳

表示不耐煩，也有可能是為了緩和緊張與不安。

翹起來的腳朝門的方向

表示只想趕快結束話題，然後離開此處或回家。

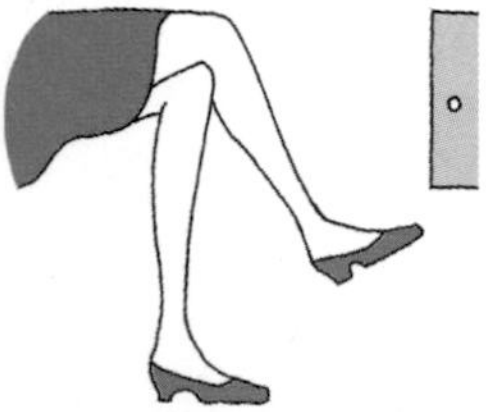

雙腳往前伸地坐著

表示對話題沒有興趣，覺得很無聊。

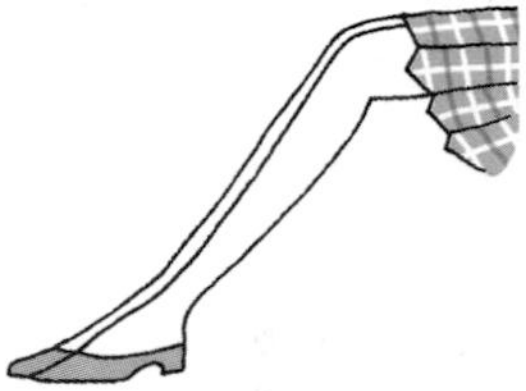

LOVE 建議

女性會從腳開始靠近喜歡的人？

女性的雙腳動作，有時隱含了性的訊號，所以電視劇或電影裡經常特寫女性的雙腳動作，用以呈現對性的暗示。換句話說，女性的本能讓她們透過腳的動作來誘惑男性，或表示對男性擁有好感。

- 在男性面前翹腳
➡表示對對方有興趣、也很驕傲

- 用腳靠近男性
➡表示擁有好感，也想靠近對方

- 在男性面前交換翹另一腳
➡很有性的暗示

從行為看出對方心理

不論男性還是女性，都會因為對方獨特的行為而喜歡或討厭對方。甚至能從中讀取到危險訊號，或明白彼此很合得來。不妨多觀察自己意中人的行為看看。

1 愛管閒事的人會毀了對方

只要認為是為了對方好，就想為對方盡心盡力。不論男人還是女人，是否有看過這種很愛管閒事的人？這種情形和「很會照顧人」並不一樣。

這種人通常都有共依附（➡ P140）的傾向，認為自己對對方而言是必要的存在，藉此肯定自己的存在意義。

尤其在戀愛關係上，最常見於女性身上，也因為太為男性盡心盡力，導致男性完全依賴女性，最後成為毫無責任感的無用男，這種情形並不少見。當然對當事者來說，並不認為是自己的行為導致對方變成沒用的人（➡ P146）。

LOVE 建議

專愛無用男的女性都有「想救他症候群」

曾有一段時期非常流行「無賴男」這個用語，指的就是無用男。

這種男人不但很浪費，也會不斷換工作，就連自己的事也無法自己決定，站在女性的角度來看，完全就是個無法依靠的男人。但現實中就是有許多女性專愛這種無用男（➡ P146）。

最常見的是自我價值非常低的女性，以及相反地非常獨立的「好女人」。前者因為對自己評價過低，隨時都有「像我這種女人，配他這種男人剛剛好」的自卑心態；後者則認為「能救他的人只有我」，大多患有「想救他症候群」。

2 善於誇獎別人的人都善於觀察

不論誰，被人誇獎應該都不會覺得討厭，而會開心吧？雖然有些人的誇獎方式可能會讓人覺得厭惡，但總歸還是有很會誇獎人的人。

或許有些人會擔心若誇獎過度，會被認為是「巧言令色的人」、「只會耍嘴皮子的人」，因此不太敢隨便誇獎人，但若能誇獎得宜，不給對方留下這種感覺的話，一定會很受歡迎。

善於誇獎別人的人都懂得仔細觀察對方，但不是盯著對方看的那種觀察，而是能在裝作不經意的情況下觀察對方，然後從中找出對方的優點，再有效地加以誇獎。

當人被誇獎時都會覺得驕傲，也會開始對自己抱持期待，努力想得到對方更多的誇獎。簡單地說，只要善於誇獎人，最後一定能為你帶來好結果。

非常建議你一定要試著研究看看如何適當地誇獎人，說不定能有效讓你的意中人轉向你喔。

3 動作誇張的人較具社交性

有些人交談時會大聲地說「好厲害喔！」、「不會吧！」，反應非常誇張。動作如果太誇張，有時會給人很煩的感覺，但這種人通常比較具有社交性（➡P208），基本上也喜歡人們，隨時都想和人們在一起。

而且這種人的服務精神也很旺盛，通常都是為了取悅對方，才在意識裡採取這些行為。

這種人通常也都善於傾聽（➡P62），而傾聽也是受人歡迎的技巧之一，也因為仔細傾聽對方說話，才有辦法適時做出反應，又因為這些適當的反應讓對方明白你對他深感興趣，因此由衷覺得開心。如果反應冷淡，甚至是沒有反應，表示對對方的感覺已經冷了。

4　愛忌妒的人都對自己的價值存疑

忌妒心（吃醋）是談戀愛時必有的附屬品，算是一種愛情表現，因為被吃醋的一方能藉此確認「自己被對方所愛」，但吃醋的一方則純粹是想束縛對方。

愛忌妒的人隨時都想束縛對方，也擔心自己是否被對方所愛，所以會忍不住想監視對方（➡ P164）。

〈忌妒心油然而生的狀況〉

- 想得到對方時
- 想依賴對方時
- 被對方拒絕時
- 對方擁有自己所沒有的東西時
- 和對方在一起時會顯得自己很慘時
- 很羨慕對方時
- 嘗到敗北滋味時
- 感到憤怒或怨恨時
- 被對方傷害時

綜上所述，忌妒心是因為與對方或某人做比較或受某些影響時所產生的情緒。簡單地說，就是在與人做比較時因為覺得「輸了」、「很不甘願」而產生的情感，等於處在無法認同自己價值的狀態裡。

所以愛忌妒的人經常對自己的價值感到不安，也只懂得以輸贏來衡量自己的價值。

但如果忌妒心超過一定的極限，就會讓對方感到不悦，甚至因此極力想逃避你。例如想掌握對方的一舉一動，或偷看對方的手機，甚至有些人會嚴重到變成跟蹤狂等等。對於這種忌妒過頭的人當然要多加注意，但如果是想讓對方注意你，或許設法讓對方忌妒也是一個有效的手段（➡ P212）。

5 阿宅都是人畜無害又容易交往？

今日的阿宅不再限於動畫和 SF（編註：science fiction）領域，而是擴及各種領域，既熱衷又沉迷。

在網路已經非常普及的現在，阿宅族群愈來愈大，而且不斷擴散，興趣也跟著多樣化，連帶的社會上對阿宅的抗拒感似乎也跟著降低。

在這種情形下，不論男女，若彼此的興趣與價值觀都能一致，或許就能成為最佳伴侶。不僅如此，有愈來愈多的人認為，由於阿宅都非常沉迷於自己的興趣，所以通常都很純情，也不太有興趣去劈腿，甚至不會沉淪於喝酒、賭博等不良嗜好（➡ P92）。

順帶一提，野村總合研究所曾於二〇〇四年進行過市場調查，將阿宅分為下列五種類型。

對資訊極敏感的多元阿宅

對網路的活用度非常高，會將許多時間花在自己有興趣的活動上，甚至有不少人會主動公開（爆料）自己是阿宅。

唯我獨行的傳統阿宅

擁有自己獨特的價值觀，熱衷在網路上收集資訊與批評，以男性居多，且大多集中於機械類領域和演藝界領域。

擁有家庭的假面阿宅

阿宅族群中的最大派，雖然以機械類領域為主，但分布非常廣。由於擁有家庭，因此都努力在私下用零用錢沉迷於自己喜歡的領域裡。

同人女子系阿宅

將大半時間與金錢花在同人誌的創作活動與興趣裡，非常沉迷於動畫、漫畫裡的人物，甚至會追著偶像跑。

社交派的強勢阿宅

擁有自己獨特的價值觀，一心想將別人拉進自己的興趣裡，尤其是灌輸自己曾體驗過的流行觀與價值觀等。

6 從拍照姿勢看出個性

拍攝人物照時，被拍的人通常會採取某些姿勢，從這些姿勢可以判斷出一個人的個性。

〈姿勢〉

永遠都是相同表情與拍攝角度

很清楚自己最棒的表情，也很喜歡照鏡子，屬於自我主張很強的領導型，同時擁有不少敵人和支持者。通常很自戀（➡P156），對自己的長相也很有自信，談戀愛時也屬於自我陶醉型的人。

隨時保持自然

因此有時拍起來不好看，甚至有可能剛好閉上眼睛。會以周遭人為優先，而非以自己為優先，屬於很有協調性的人，但自我顯示慾（➡P192）較弱，在團體裡欠缺存在感。談戀愛時屬於會為對方奉獻一切的人。

移開視線或裝鬼臉

這是難為情的反向表現，表示非常在意相機，屬於自我主張（➡P192）較強的人。會堅持走自己的路，即使是談戀愛，也會展現個性奔放的一面，而且傾向選擇同樣不受常規束縛的人為對象。

〈站的位置〉

總是站在角落

很內向，不擅長參加團體活動，在團體裡總是顯得可有可無，談戀愛時也屬於被動的一方。

總是站在主角旁邊

善於處世且喜歡掌權，而且很聰明，同時交友廣闊，在戀愛上也非常搶手。

總是站在中央

很有行動力，自我主張也強，因此有時會被厭惡，屬於自戀型的人、女王型的人。

7 一開車就像變了一個人？

妳是否也遇過這種情形？——開車去兜風約會時，當他手握方向盤後，立刻像變了一個人似的，讓妳嚇一大跳。有時對著前面的車子大罵「幹什麼這麼龜速！」，有時甚至故意在高速公路上逼別人的車，讓坐在一旁的妳覺得很不舒服，簡直快坐不下去，但他仍一副不在乎的樣子，因為他根本沒察覺到妳的感覺。

為什麼人一開車就會像變了一個人似的？其實人坐在車子裡就像待在會動的包廂裡，讓原本緊張的情緒得到紓解，因此陷入毫無防備的狀態，才會露出自己的真面目來。加上駕馭車輛的全能感作祟，精神上非常亢奮，認為自己正在掌控時速可輕易超過一百公里的交通工具，產生自己很了不起的錯覺，才會因此口出惡言，又因為對方車裡的人聽不到這個惡言，於是開始大放厥詞。

簡單地說，從開車可以意外看出一個人的本性，若考慮和對方結婚，或許應該坐一次對方開的車去兜風看看。

強硬超車或插隊

表示急性又不認輸，而且沒有什麼危機感，尤其是男性，更容易在開車時口出惡言，露出本性來，對正在談戀愛的女性來說，很值得在發生爭執時做為參考。

毫不在乎的將車停在殘障車位裡

認為只要自己好就好，是非常自私的人，與這種人談戀愛，不難想像會常常發生不愉快的事。

從打扮看出對方心理

打扮（服裝等）是一種想成為這樣的自己、想讓對方認為我是這樣的人的一種慾望表現。簡單地說，就是一種自己想成為什麼樣的人的投射行為，所以有時呈現出來的結果，會與本性相反。換句話說，即使外表打扮得花枝招展，也不見得就是個愛出風頭的人。

1 想成為什麼樣的人會投射在打扮上

喜歡沉穩的打扮

對自己很有自信，自我主張（➡P192）也很強，屬於擁有某些堅持的頑固型人。

喜歡花俏的顏色和原色

想被人認為自己是一個「很開心的人」，但實際上以怕孤單的人居多。有社交焦慮情形，所以想透過花俏的服裝與他人做區隔。

很有個性的打扮

屬於只想享受打扮的人，而且通常以正經又具常識的人居多，有時甚至會自認是在引領時尚，但也有可能是自卑的反向表現。

對流行很敏感

想和周遭的人一樣，所以對朋友擁有哪些服裝都能敏銳察知，想擁有相同的東西，也對自己屬於多數族群的一份子感到安心。

沒有自己的堅持有如變色龍

刻意表現自己多元化的一面，試圖引起別人的注意。雖然多才多藝，卻也有八面玲瓏的一面，所以言行舉止往往缺乏一致性。

堅持使用高級品牌

極力想展現「我是一個上流人士」，希望周遭人都能認為自己是個名流。

對配件很堅持

對首飾品和腰帶等配件非常堅持的人，不論是自己喜歡的東西還是遵守的規則，都很有一致性，屬於保守的頑固型人。

2 對領帶的偏好

水珠圖案

很有自信，而實際上也很有實力，屬於溫和的人，也很受人尊敬。

花俏圖案

好奇心旺盛，個性也非常積極，但也擁有三分鐘熱度的一面。

斜紋圖案

最常見的款式，表示具有協調性，但不喜歡冒險。

3 女性的髮型

長髮

想突顯自己是一個大小姐，或想展現女人味，實際上個性很堅強，也擁有冷靜的判斷力。

中髮

既不是長髮也不是短髮，長度介於兩者之間，給人一種中庸的感覺，屬於不起眼的消極型人。

短髮

想突顯自己是一個積極又活潑的人。由於留短髮會露出整個臉來，因此以對自己容貌有自信的人居多，屬於和誰都能相處融洽的人。

經常改變髮型

若突然將長髮剪成短髮，表示受心理層面的影響很大，顯示當事者想轉換自己的心情或生活方式。若是經常在變換髮型的人，表示對自己沒有固定的形象感覺，顯示心理上處於不穩定的狀態。至於因戰略而刻意經常改變髮型的人，則表示隨時都想受人矚目，顯示太過在意他人的反應。

用頭髮遮住耳朵

耳朵是讀取資訊的重要器官，既然會將耳朵遮住，表示想避開與周遭人接觸，屬於喜歡孤獨的人。

PART

2

瞭解戀愛心理才能找到好伴侶

戀愛有多少種形態？

從李的愛情顏色理論來分析自己

「愛」與「戀」的差異

根據《廣辭苑》字典的記載，「愛」是指「父母與手足之間互相關懷的心。廣義來說是關懷人類與生物的心，也包含男女之間互相仰慕的心，是一種關懷對方、珍視對方的表現」。換句話說，「愛」這種情感不只用來對待人類，也用來對待動物及生物。**「愛」是與所有對象深交之下所衍生而來的情感。**

以人類來說，有親子之間的愛、手足之間的愛、朋友之間的愛、男女之間的愛等各種形態，而每個人對這些愛的形態與捕捉方式各有不同，有些人可能會認為愛是「隨時將對方放在心裡，非常重視對方」，也有些人可能會說愛是「不求回報，願意為對方奉獻一切」，當然也有些人可能會回答愛是「想更加瞭解對方」、「彼此互通心意」、「溫暖包容對方的一切」，不論哪種看法，整體來說都是「愛」的表現。

那麼「戀」又是什麼？《廣辭苑》裡如此記載「深受無法一起生活或已經去世的人吸引，因此感到難過的情形，以及那種心情，尤其是男女之間互相仰慕的心情」。其實「戀」這個字是以痙攣的攣字為本而來，而「攣」具有「拉扯」、「牽引」的意思，所以「戀」代表「被吸引的心」。

簡單地說，「愛」會因人而有各種不同的形態，**但「戀」卻是因為仰慕對方而煩惱不已的感情，屬**

於單方面的愛，所以**「戀愛」可說是仰慕特定的對象，對該對象抱持關懷的心，並且只屬於二人之間的關係。**

愛情顏色理論的「六種愛情形態」

關於「愛」，已經有許多學者努力思考過，並試著從中解開人們的心理，其中瑞士的思想家魯日蒙（Denis de Rougemont）將「愛」分為五類，法國作家斯湯達爾*（Stendhal）則將「愛情」分成四類。

另外**加拿大的心理學家李**（John Alan Lee）**認為「愛情」有六種顏色（種類），稱為「愛情風格」。**據說李從有關愛情的各種文獻裡，收集了有關愛情的敘述，從中整理出六種愛情的形態，並認為這六種形態互為相反，且呈現在色相環裡，這種理論被稱為**「愛情顏色理論」**，廣為心理學界認知（➡P44）。

美國的社會心理學家魯賓（Zick Rubin）也將愛情分為「需求上的愛」和「給予的愛」；日本小說家有島武郎則在評論集裡提到「不惜一切也要得到愛」。

戀愛心理見聞

魯日蒙的「愛」與斯湯達爾的「愛情」

魯日蒙將「愛」分為五類。

①宇宙的生成原理，是神的創造力
②友愛之情，渴求他人認同的情感
③情感受到吸引的狀態
④自我本位的情慾
⑤性關係，想留種延續子孫的慾望

知名小說《紅與黑》的作者斯湯達爾，在他的著作《論愛情》裡，將「愛情」分為四類。

①激烈的愛情
②趣味的愛情
③生理的愛情
④虛榮的愛情
※斯湯達爾的分類法和李的分類法有相通之處。

＊斯湯達爾 法國小說家，一七八三～一八四二。《論愛情》裡提到愛情會經歷讚嘆、自問、期待、產生愛情、第一次結晶作用、懷疑、第二次結晶作用等過程。

從李的「愛情顏色理論」來分析自己

李用環狀的色相環（將顏色排成圓形以表示彼此補色關係的圖）來呈現六種愛情風格，包含基本風格的情慾、友誼、遊戲三種，以及混合而來的狂熱、奉獻、現實等風格，且彼此間的位置關係具有重要的意義，例如位置相近的愛情風格適性會比較好，位在相反位置的愛情風格適性會比較差。

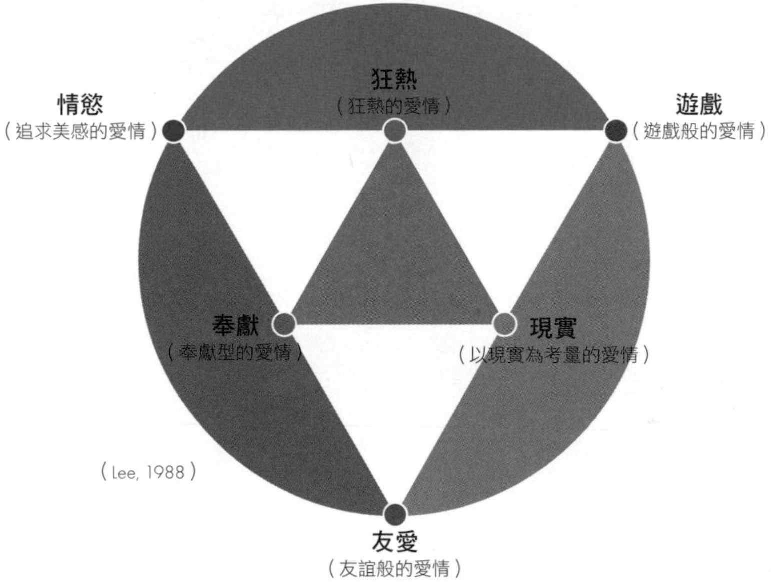
狂熱
（狂熱的愛情）
情慾
（追求美感的愛情）
遊戲
（遊戲般的愛情）
奉獻
（奉獻型的愛情）
現實
（以現實為考量的愛情）
（Lee, 1988）
友愛
（友誼般的愛情）

遊戲 ⇔ 奉獻：將愛情視為遊戲的遊戲型人，會對很有奉獻精神的奉獻型人覺得很煩，即使交往也得不到快樂，而奉獻型的人同樣無法原諒遊戲型的人。

情慾 ⇔ 現實：將愛情視為工具般的現實型人，與愛情至上主義的情慾型人，同樣無法容忍彼此。

友愛 ⇔ 狂熱：追求友愛的友愛型人，與占有慾和忌妒心很強的狂熱型人，彼此無法理解對方。

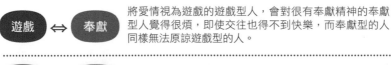

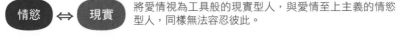

情慾型
（追求美感的愛情）

抱持愛情至上主義，喜歡追求一見鍾情與浪漫的愛情，會為心愛的人營造浪漫的一幕。由於重視異性的外表，很容易出現一見鍾情的情形。交往初期就渴望能有肉體上的關係，但通常愛情都不長久。

狂熱型
（狂熱的愛情）

很容易一頭栽入愛情裡，又因為強烈想要對方，加上忌妒心強，會不斷想確認對方對自己的愛。由於沒有自信，只要對方稍微提起其他異性的話題，就會猛然吃醋，而且只要感到不安，就會引發食慾不振等各種身體上的不適症狀。

遊戲型
（遊戲般的愛情）

將愛情視為一場遊戲，會以快樂為第一考量，就某個層面來說，屬於冷酷型的人。不會執著交往的對象，喜歡同時與多人交往，而且性經驗也很豐富，不會表現出忌妒或占有慾，但很不喜歡被侵犯隱私。

奉獻型
（奉獻型的愛情）

認為愛情無價，只要是為對方好，可以選擇犧牲自己，甚至不會要求對方用愛來回報。屬於盲目型的人，會徹底為對方奉獻，若發現對方與自己以外的人在一起會比較幸福，甚至有可能因此選擇退讓。

友愛型
（友誼般的愛情）

認為愛情需要花很長的時間培養，所以很容易追求友愛，有時甚至沒察覺自己已經在談戀愛了。屬於不太會忌妒或感到不安的人，即使長期分開來生活，也不會覺得不安或痛苦。認為人生的目標就是結婚後擁有自己的家庭。

現實型
（以現實為考量的愛情）

認為愛情不需要浪漫，會以算計的眼光來思考愛情，所以只追求對自己有利的愛情。由於認為愛情不過是提升自己地位的一種手段，所以會選擇具有社會地位或經濟能力等，符合自己設定條件的人。

2

男性腦與女性腦、孕育愛的是什麼腦？

為什麼男性會以理性思考、女性卻以情緒思考？

杏仁核的差異反映在情緒表現的差異上

一般認為男性會以理性思考，女性會以情緒思考，兩者的差異主要來自受男性荷爾蒙與女性荷爾蒙等影響而有大小和功能差異的腦部結構。首先就腦的大小來說，嬰兒時期的男女並沒有太大的差異，但成人後的男性約為一四〇〇～一五〇〇公克，女性約為一二〇〇～一二五〇公克，明顯出現差異。

構造上也有差異，以聯結右腦和左腦的胼胝體來說，女性比男性大，而一般認為就是這個差異影響了男女的思考方式。已知**女性在交談時會使用整個腦部，但男性只會使用語言中樞所在的左腦**，所以女性才會想到什麼就說什麼，男性則只說理論上需要的內容，女性之所以容易情緒化，或許原因也來自這裡。

在喜怒哀樂等情緒的處理與記憶上扮演重要角色的杏仁核*，**也是女性比男性大**。聽覺與視覺等來自外部的資訊，會透過杏仁核傳到腦的各部位，而當訊號通過杏仁核時，杏仁核會從中讀取各種情緒，所以杏仁核比男性大的女性，才會比男性更敏感，情感表現也更豐富。

此外，比起女性，男性比較不具備讀取對方心情的能力。

＊**杏仁核**　位在顳葉內側深處，是直徑約一公分的神經細胞集合體。視覺、聽覺、嗅覺、觸覺、味覺等感覺資訊，會從大腦皮質傳到此，藉以判斷好惡。

讓愛的感覺膨脹的腦

杏仁核與海馬之間有神經聯結，其中**被稱為「記憶腦」的海馬，會提供讓人判斷喜歡還是討厭異性的材料**，再由杏仁核判斷。

一旦**判斷為「喜歡」時，能讓這種感覺進一步膨脹為「愛」的，就是負責做決定與判斷、思考、創造的額葉，而下視丘*裡有負責性慾與食慾的中樞**，當此處的性慾與額葉的創造性聯結一起時，就會進一步提高愛的感覺。

孕育愛的腦架構

煩惱與喜怒哀樂等情緒能衍生出愛情來，進而衍生出快感，而負責讀取這些喜怒哀樂等情緒，藉以判斷喜歡或討厭的是杏仁核，額葉則能進一步讓喜歡的感覺膨脹為愛，另外還有下視丘負責控制性慾。

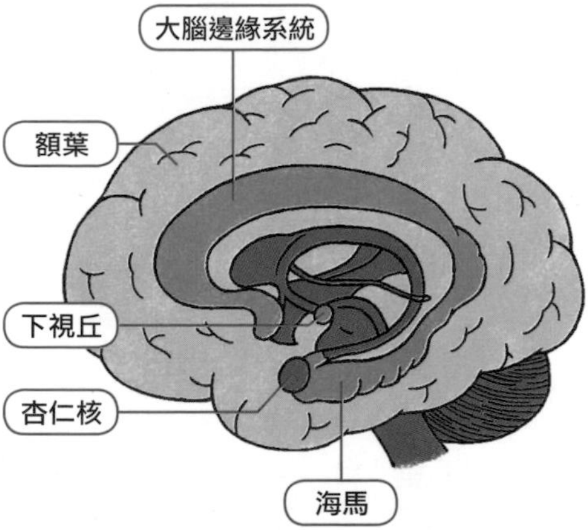

大腦邊緣系統	掌控快感、憤怒、恐懼等喜怒哀樂的情緒。大腦邊緣系統包含了海馬、杏仁核、下視丘等。
海馬	記憶貯存庫，負責提供判斷「喜歡或討厭」異性的材料。
杏仁核	與攻擊性、憤怒、恐懼、防備等有關，會接收來自海馬提供的「好惡」判斷材料，藉以判斷到底是「喜歡」還是「討厭」。
下視丘	負責掌控生存所需的根本性慾望（性慾與食慾等），尤其是下視丘裡的前視區，負責掌控性慾與女性的排卵等慾望。
額葉	負責知性活動與創造性，能讓喜歡的感覺膨脹為愛。

＊**下視丘** 位在間腦裡，負責調節自律功能，包含交感神經、副交感神經、內分泌功能等，也負責掌控本能行為與憤怒、不安等情緒性行為。

刺激性慾的荷爾蒙差異

如前頁所述，會對異性產生愛情，也就是**會愛上對方，與「性慾」、「戀（愛慕之心）」、「愛情（依附）」等重要要素有關。**

這些要素都是化學物質與神經在腦內某特定區域裡產生反應所引起，此時的化學物質有多巴胺*、催產素、睪固酮、雌激素、去甲腎上腺素等。例如讓發情期的母羊看公羊的影像時，母羊腦內的去甲腎上腺素濃度就會急速上升，同樣的情形也會發生在人類腦裡。

當我們對某人一見鍾情時，腦內會湧入大量的多巴胺和去甲腎上腺素，而**睪固酮和雌激素則能刺激性慾。**睪固酮是男性荷爾蒙，雌激素是女性荷爾蒙（卵泡荷爾蒙）。男性會對女性產生「想和她上床！」的感覺，就是因為多巴胺促使分泌睪固酮的結果。

女性也能分泌睪固酮，只是男性的分泌量為女性的十～二十倍，所以**男性的性衝動才會比女性激烈許多。**體毛濃密、力道強大、具有攻擊性等男性特徵，也都是睪固酮的影響所致。

女性分泌較多的荷爾蒙是催產素，這種荷爾蒙不論男女，只要性慾高漲時就會被分泌出來，但男性會在勃起的瞬間急速降低催產素的濃度。**催產素俗稱「抱抱荷爾蒙」**，所以當女性被擁抱時，都能因此產生喜悅之情。另一方面，男性只要結束就會立刻放開女性的身體，則是因為催產素濃度急速下降的緣故。

戀愛中腦內會變活躍的領域

如同男女的荷爾蒙分泌狀況會有差異一樣，戀愛中男女腦內會變活躍的領域同樣有差異。

其中以位在大腦基底核裡的尾狀核，與位在中腦裡的腹側被蓋區，最能對戀愛中的男女精神狀態發

＊**多巴胺**　中樞神經系統裡的神經傳導物質，是負責各種行為動機的學習因子，在某些行為得到快感時會被分泌出來。多巴胺分泌量較少或無法分泌時，就會罹患巴金森氏症。

揮重要的作用。**尤其是女性，負責掌控記憶、情感、專注的尾狀核會非常活躍，男性則是視覺皮質與負責處理視覺資訊的領域（下視丘與杏仁核）會比較活躍。**

附帶說明，有研究報告指出，打得火熱的戀愛主要是受尾狀核影響，會產生愛意是受被殼（位在腦中央處）和蒼白球（大腦基底核之一）影響，性慾與性衝動則主要受左腦影響。

一般來說，女性會從自己過去的記憶經驗來分析男性的個性，藉以判斷對方是否為適合的伴侶，男性則會先從視覺來判斷對象是否為適合上床的女性，這也是女性腦與男性腦在選擇戀愛對象時的差異來源。

戀愛心理見聞

試圖從腦來捕捉戀愛感覺的起始運動

自從出現 MRI（核磁共振造影）與 MEG（腦磁圖）的技術後，我們對腦的研究有了飛躍性的進步，尤其是利用磁波與電波來拍攝體內的 MRI，讓我們不必再切開頭部也能觀察腦內的活動。

二〇〇二年時，英國心理學家暨神經生物學家巴爾泰（Andreas Bartels）與腦科學家澤基（Semir Zeki），以剛交到情人而正感興奮的年輕男女為對象，觀察了他們的腦內狀態，結果發現男女的腦部活動狀態明顯有差異，多巴胺的分泌也非常活躍。二〇〇五年時，美國神經科學家布朗（Lucy Brown）等人，也以剛交到情人的男女為對象，研究愛情的力量對腦的影響，以及失戀對腦的影響。

女性想嫁的是什麼樣的男性？

持續尋找能帶給自己「穩定」生活的男性

「結婚」對女性的意義

對現代人來說，「貞操*」一詞已經沒有太大的意義，沒有人會再要求女性要對男性保持貞潔，尤其是男女都愈來愈晚婚的現在，儘管一部分存在經濟上的理由，但基本上對結婚的意識已經產生很大的變化。

從原始時代開始，女性最重視的就是愛，只要能與好男人結婚並生子，對女性而言就叫成功。

但**不論精神上還是經濟上都已經自立的二十一世紀的女性**已經不同，早已從男性身上獨立出來，也懂得思考和判斷，進而採取行動，所以會在**二十多歲這段尋找自我的時期**裡，花時間慢慢尋找適合的結婚對象。究竟現代女性認為適合結婚的男性，是什麼樣的男性？

追求有一定身分的男性

女性經常會提到「**結婚對象的條件**」，在泡沫經濟正盛的時期裡，所謂「**三高**」、「**三K**」的「高收入」、「高學歷」、「高身材」是最佳的條件，但在泡沫經濟崩盤後，最佳條件變成「低姿態」、「低依附」、「低風險」的「**三低**」，多數女性只想和符合這些條件的男性結婚。

不過其中一直不變的條件就是「**穩定性**」，即使在不景氣的現在，條件已經降低為「低風險」，仍想追求最低極限的穩定生活。換句話說，男性的**經**

＊**貞操**　要守住貞操直到結婚為止？根據日本國立社會保障暨人口問題研究所的調查結果顯示，沒有性經驗的未婚女性當中，20～24歲占40.1%、18～19歲占68.1%（二〇一〇年）。

濟能力成為最重要的條件，這當然和身分有關。**能帶來經濟能力的身分，包含男人的地位、名聲、權力、財力。**另外高學歷當然也是判斷的依據之一，難怪醫師和律師會這麼搶手。

只要和擁有經濟能力與身分的人結婚，就能讓生下來的孩子受到一定程度的教育，也能讓孩子繼承優秀男性的ＤＮＡ，這也是女性的算計。

順帶一提，最近有愈來愈多女性開始追求「價值觀一致」、「對金錢的感覺一致」、「工作穩定」的**「新三Ｋ」**。

女性希望的結婚對象的條件變化

不論女性有多自立，也無法改變大多數女性還是想結婚的事實，只是要求男性的條件，隨著時代在改變。

泡沫經濟正盛時期

三K

「高收入」
「高學歷」
「高身材」

泡沫經濟崩盤後

三低

「低姿態」
「低依附」
「低風險」

現在

新三K

「價值觀一致」
「對金錢的感覺一致」
「工作穩定」

4

男性想要的是什麼樣的女性？

對女性的曲線身材有興趣、在家則要求服務

男性會以外表來判斷女性

男性對「結婚」又有什麼看法？答案當然因人而異，只是「無論如何都想結婚」的男性，恐怕沒有女性來得多。不過「絕對不想結婚」的男性，同樣屬於少數。簡單地說，男性對女性最有興趣的事，並不是「結婚」。

這是因為**男性通常會以外表來判斷女性**，偏偏女性認為的「好女人」與男性認為的「好女人」不同。

經常出現在時裝秀上的模特兒，雖然身材有如棍子般纖細，但對這種女性有興趣的男性似乎不是那麼多，因為男性比較喜歡胸圍與臀圍比為七比十，腰部有些曲線的女性，認為這樣的女性「比較性感」。

通常臀圍較大的女性，被認為比較能生下健康的小孩，這是人類要將基因傳承給下一代的必要條件，所以這種想法才會從原始時代開始，就根深蒂固在男性的腦裡。

狩獵本能與對服務的要求

在前面說明腦的單元裡曾提到，男性只要看到有魅力的女性，就會分泌男性荷爾蒙睪固酮，進而引發對性的衝動（➡P48）。

如同男性喜歡看成人影片與色情雜誌般，**男性總是隨時在觀察女性，同時不斷膨脹自己的幻想。**

不僅如此，男性自古就具備有「狩獵*」的本能，

＊**狩獵** 男性從好幾萬年前開始就擁有「狩獵」的本能，劈腿也可說是來自「狩獵」的本能，才有辦法即使不愛也會和對方上床。

所以只要看到年輕又健康的女性，自然會想和對方「上床」。

至於男性對結婚又有什麼看法？要求已婚男性舉出妻子的優點時，多數男性都回答「會做菜」、「會做家事」，顯示男性希望女性能為他做這些服務。簡單地說，**男性想要的是能提供服務的女性**，所以結婚對象當然會以這種女性為主，而這些服務當中，當然也包含性。

結婚對象的選擇法 男與女的差異

女性不論對交往對象還是對結婚對象，基本上要求的條件都一樣，但男性對交往對象和結婚對象所要求的條件，往往不同。

女性對結婚對象所要求的條件

- 穩定性
- 人品
- 體貼
- 幽默
- 聰明

男性對結婚對象所要求的條件

- 容貌
- 人品
- 會做家事
- 聰明
- 幽默

男性對交往對象所要求的條件

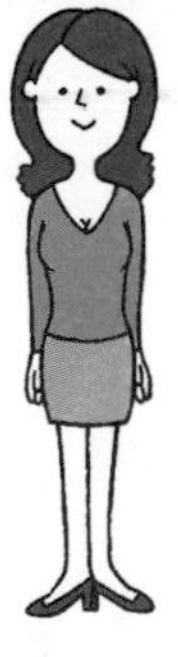

- 長相
- 身材
- 胸部大小
- 屁股形狀
- 人品

5

戀愛同樣很重視第一印象

只要第一印象很好就會「想再見面」、「想更瞭解」

第一印象決定往後的關係？

人們都說「第一印象很重要」，也說「不能用外表來判斷一個人」，但不管怎麼說，第一印象就是很重要，因為不論人品有多好，如果初次見面時就讓對方無法接受，恐怕就很難有下一次的約會或交往機會。

美國心理學家**麥拉賓***（Albert Mehrabian）主張，「當情緒與態度出現彼此矛盾的訊息時，人會優先接受來自視覺的資訊」。簡單地說，**外表（視覺資訊）是用來判斷一個人的重要要素**，這種原理稱為**麥拉賓法則**。根據這個法則來看，人們在接受他人之前會經過四道關卡：第一道關卡是外表、服裝、表情；第二道關卡是態度、姿勢、手勢動作；第三道關卡是聲音大小、語調、速度等；第四道關卡是談話內容。至於判斷基準的比率，實驗結果是外表（Visual）占55%、說話方式（Vocal）占38%、談話內容（Verbal）占7%，所以這項法則又被稱為**「7-38-55法則」或「3V法則」**。

由於這項實驗是在美國進行，不見得能完全套用在我們身上，但至少只要對對方擁有好的第一印象，就會「想更瞭解這個人」，這種感覺應該是相同的。

只需六十秒就能判斷對方

那麼第一印象大約是在多久時間內成形？在以大

學生為對象的實驗裡，發現只需短短五秒鐘就能大約判斷出一個人的負面情緒、內向還是外向、良知程度、知性等，而只要六十秒鐘就能進一步提升這些判斷的準確性。

尤其是**對內向還是外向的判斷，基本上初次見面時的判斷（第一印象）與熟稔後的判斷，並沒有不同。**對知性的判斷，同樣以第一印象的判斷比較穩定。不過就協調性和良知程度、情緒穩定性來說，一旦出現與第一印象矛盾的情形時，往往會讓人改變原來的判斷。

接受他人之前的四道關卡

根據麥拉賓法則，人們在接受他人之前會經過四道關卡，而一開始又以視覺資訊來判斷的比率為最高。

第一道關卡

- 外表
- 服裝
- 表情

第二道關卡

- 態度
- 姿勢
- 手勢動作

第三道關卡

- 聲音大小
- 語調
- 速度

第四道關卡

- 談話內容

＊**麥拉賓** 比較來自語言的訊息和非語言的訊息，調查哪個訊息比較重要，結果發現在直接看到對方的面對面交流方式裡，基本上以語言、音調（聽覺）、身體語言（視覺）為主，因此提出「7-38-55法則」。當這三種訊息出現不一致甚至是矛盾的情形時，就會帶給對方不舒服的感覺。

需注意的第一印象（以男性來說❶）

女人會注意男人的哪些地方？

雖然不敢說第一印象代表一切，但只要給人良好的第一印象，就有機會延續下一次的見面。究竟女性在第一印象裡，會確認男性的哪些地方？

〈汗・體臭〉

討厭很會流汗、隨時都在流汗的人，當然也要注意汗臭味，不過若噴太多香水，同樣會被女性嫌棄。

〈清潔感〉

一看就覺得很不衛生，或肩膀上有頭皮屑、襯衫袖口和領口有污漬等，都會讓女性瞬間卻步。

〈鞋子的維護狀態〉

不管是上班穿的鞋子還是運動鞋，只要看起來老舊、變形，都會讓女性失望。

〈鼻毛的清潔〉

不論長得多帥，都要注意位在臉部中央的鼻子，連鼻毛都別忘了清潔，因為女性連這種細節都很注意。

〈皮膚〉

初次見面時一定會看到臉，如果臉上都是青春痘或粗糙的皮膚，就會給女性留下負面的第一印象。

需注意的第一印象（以男性來說❷）

男人受女性歡迎的條件是？

儘管第一印象非常重要，但女性並不會堅持外表一定要非常帥，因為女性畢竟與男性不同，會比較重視對方的內在。

〈工作能力很強〉

工作可以說是男性最大的身分表徵，只要擁有穩定的職業與收入，對女性來說就是一項魅力，若能加上「工作能力很強」，當然就再好不過。

〈溝通能力〉

與知識豐富的男性在一起，當然會更有話聊，尤其女性對自己所沒有的知性會深深著迷，若有共通的話題更能讓氣氛加溫，讓女性覺得和你在一起永遠也不膩。

〈幽默〉

即使長得不帥，諧星們也能受女性歡迎，主要是因為女性都喜歡能逗自己笑的男性。相反地，女性比較討厭悲觀又灰暗的男性。

〈體貼〉

懂得幫女性開門、幫女性拿東西，對女性非常體貼的男性，能讓女性覺得「他很珍惜我」，因此提高對你的好感度。

〈笑容〉

笑容燦爛的男性、能露出自然笑容的男性，都能打動女性的心。對自己的笑容沒有自信的男性，一定要多看鏡子努力研究。整齊的牙齒也很重要。

〈打扮〉

必須瞭解適合自己的打扮方式。受女性歡迎的男性，共通的打扮方式都是簡單、乾淨。

需注意的第一印象（以女性來說❶）

男人會注意女人的哪些地方？

與同為女性的友人在一起時，可能不會太在意外表打扮，但如果和男性在一起，有時就會成為負面因素。為得到下一個約會的機會，一定要多注意自己給人的第一印象。

〈全身名牌貨〉

有些女性在初次見面時，會全身上下穿戴名牌貨，這樣的女性會讓男性覺得「和這種女人在一起很花錢」，因此對妳退避三舍。

〈化妝〉

基本上男性都喜歡清秀的女性，所以化妝應以自然為主，假睫毛和眼線等若太花俏，只會得到反效果。

〈牙齒〉

初次見面時一定會看到臉，如果笑起來時的牙齒很不整齊，笑容再美也沒用，因為要從朋友關係發展為情人關係時，男性會想像要與妳親吻時妳的牙齒狀況。

〈女強人〉

男性對女性的要求還是比較保守，不喜歡全身上下散發出強烈女強人的氛圍，一副自己很有工作能力模樣的女性。畢竟男性都想握有主導權，一旦覺得有可能被女性主導，就會因此退縮。女性還是低調一點，展現自己可愛的一面比較有利。

〈老菸槍〉

初次見面就毫不忌諱地大口抽菸的女性，絕對是NG，因為會讓男性忍不住懷疑：妳懷孕時大概也會照抽不誤。

需注意的第一印象（以女性來說❷）

被愛的女人最搶手

在父母與周遭人關愛下成長的人，能感受愛人時的喜悅。相反地，不被人所愛而成長的人，通常也無法愛人，反而會從折磨他人身上感受到喜悅，或即使被人所愛，也無法坦率地接受。前者的女性看在男性眼裡都是很有魅力的女性。那麼究竟哪種女性是受周遭人關愛而成長的女性？

〈受關愛而成長的女性〉

- 能坦率對人說「謝謝」、「對不起」
- 常常誇獎他人
- 不會找藉口
- 有女性好友
- 發言內容多為積極正向
- 喜歡送能取悅人的禮物
- 會仔細傾聽對方說話
- 喜歡嬰幼兒
- 好奇心旺盛
- 對身為女性感到自豪

需注意的第一印象（以女性來說❸）

要小心對性感打扮感到興奮的男人

認為「男人都愛胸部（➡ P238）」的資訊絕對為真，因此刻意穿上低胸上衣，以及露出大腿的迷你裙去約會，想讓男人覺得自己充滿性魅力。其實只要穿上這種服裝，不論哪種男人一定都會變得興奮，但人與人之間的心靈羈絆，不會因為穿上這種性感服裝就油然而生。會對這種服裝立刻有反應的男人，只將妳當成性工具而已，千萬別傻到以為自己「很受歡迎」、「被對方所愛」。

讓對方喜歡自己的方法①

好好利用「好感的回饋性」與「熟知性法則」

喜歡對方、對方也會喜歡你

人都希望自己喜歡的人也會喜歡自己，這是很自然的心理，因為這樣才是真正的「兩情相悅」，也能發展出美好的愛情來。

實際上當A喜歡B時，除非B真的很討厭A，否則通常也會對A產生好感，這種情形稱為**「好感的回饋性*」**，但前提條件是必須讓對方知道你的心意。換句話說，**要讓對方看向你的第一步，就是告訴對方你對他有好感，或設法讓對方知道**。

順帶一提，如果你討厭對方，甚至說對方的壞話，理論上對方也會很討厭你，這種情形稱為**「厭惡的回饋性」**。

回到前面的話題，只要你開始和對方約會（即使不是約會也要增加見面次數），就能進一步提高好感度，這種與對方見面次數愈多就愈喜歡對方的效果，稱為「熟知性法則」。即使初次見面時彼此都很緊張，只要多見幾次面，自然會逐漸消除緊張，慢慢產生好印象。

用誇獎來滿足對方的需求

「善於誇獎」也是讓對方喜歡自己的一種技巧，因為不論男性還是女性，只要被人誇獎總是會很開心。尤其是平常不太被他人認同的人，一旦受到異性誇獎，就會覺得**「原來還有人這麼認同我！」**因此對該異性留下深刻印象。若是平常不習慣被人誇

＊**好感的回饋性**　得到人家施予時，會產生必須回報才行的想法，這種情形稱為「禮尚往來原則」（P161），「好感的回饋性」就是其中一種。

獎的人，這種效果會更大。

受到他人誇獎時，能提高自我評價與自尊心，換句話說，**能滿足想被人賦予更高評價的需求（自我認同需求）**，即使明白那不過是「客套話」，還是能大大刺激自尊心。

受歡迎的人通常都很會誇獎人，但千萬不能誇獎過度，否則只會得到反效果，必須考量時間及場合，巧妙的誇獎對方。

先貶後褒的技巧

誇獎過頭只會得到反效果，不如先批評對方後再慢慢誇獎對方，效果會比較好。

〈絕妙誇獎的順序〉 ⊕…誇獎 ⊖…批評

第1名 ⊖►⊖►⊕►⊕

先批評再慢慢誇獎的方法。

「妳真是笨啊，又會裝傻，不過就是這樣才可愛，我就是喜歡妳這樣。」

第2名 ⊕►⊕►⊕►⊕

持續誇獎，但不能太噁心。

「妳真的很可愛，不但善良又可靠，難怪大家都這麼喜歡妳。」

第3名 ⊖►⊖►⊖►⊖

只要是充滿愛的批評就沒問題。

「妳又不是美女，還有點迷糊，也不太會做菜，我真是拿妳沒辦法。」

第4名 ⊕►⊕►⊖►⊖

最後才批評，會抵消先前所有的誇獎。

「妳長得很漂亮，腦筋也轉得很快，但看起來就是有點高傲，讓人有點不敢恭維。」

7 讓對方喜歡自己的方法②

善於傾聽的男性能療癒女性、善於傾聽的女性能讓男性滔滔不絕

女性最愛聊自己的煩惱

如果說善於誇獎他人是受歡迎的條件，那麼「**善於傾聽***」同樣也是受歡迎的條件之一。初次約會通常都很緊張，有些人會因此講個不停，也有些人反而很安靜，若能折衷地與對方順利展開對話，當然是再好不過，只是通常沒這麼簡單。

一般來說，女性比較擅長聊天，也有數據顯示**女性與男性的講話比率為六比四時，最能讓彼此感到輕鬆**，尤其是女性，具有藉由講話來舒緩壓力的特質。**善於傾聽的男性，都很懂得如何營造讓女性容易說話的氣氛**，所以女性很容易對這種男性敞開心房，述說自己的不安與煩惱，當然也會對這種能療癒自己的男性逐漸傾心。

男性最愛賣弄自己的知識

男性其實也同樣會受願意傾聽自己說話的女性吸引，尤其男性只要被問到有什麼嗜好或興趣時，都會覺得對方「問得好」，並開始自豪的賣弄自己的知識，例如熱愛的釣魚、最愛的車子等話題，滔滔不絕的闡述下去。

此時若女性不但沒有露出厭惡的表情，甚至還不斷適時的點頭附和，男性就會覺得「她對我的嗜好很有興趣」，接著就會想「下次再約她出來」，認同她是一個「好女人」。相反地，若露出一副無趣的表情，或只是敷衍似的附和著，就會讓男性覺得

＊**善於傾聽**　善於傾聽是一種傳達「我對你有興趣」的行為，所以不要只是默默的聽對方說話，應努力營造讓對方容易述說的氣氛。

「我和這個女生談不來」，也不會有進一步的發展。當然若遇到這種對象，表示彼此的適性不佳，不妨直接放棄。

善於傾聽也等於善於附和，**要善於附和就必須對對方的話題擁有同感**，即使不是共通的話題，只要能擁有同感並感到興趣，就有辦法巧妙地附和對方，讓對方願意進一步提供更多的資訊。務必意識對方的臉、眼睛、嘴巴等所露出的表情，好好傾聽對方說話。

善於傾聽能發現相似性

只要懂得善於傾聽，不但能被對方喜歡，也能發現彼此的各種相似性，而只要能發現相似性，就能找到共通的話題，進一步增加彼此的親密度（➡P64）。

善於傾聽

↓

發現相似性

↓

喜歡同樣的電影

家庭環境很像

出身地相同、母校相同

喜歡同樣的運動

興趣一樣

↓

共通的話題

↓

增加親密度

8 人都會喜歡像自己的人

成長環境、價值觀、興趣、身體魅力等若相似，就會產生親切感

同類型人會彼此吸引

所謂「物以類聚」、「同病相憐」，相信許多人都有過這種經驗，就是**一旦知道彼此的興趣或境遇類似時，原本的隔閡就會一掃而空，急速拉近二人的距離**。只要成長環境、學歷、價值觀、宗教觀、娛樂、興趣等很相似，就會讓人產生親切感，並縮短與對方的距離（**相似法則**）。

情人之間的情形也一樣，就像我們常說的**「同類型人」**。根據美國心理學家波謝德（Berscheid）等人的研究，人們傾向於選擇身體魅力與自己相近的人為伴侶，這種情形稱為配對假說*。

老實說，不論誰都想和具有身體魅力的人談戀愛，但另一方面也會在潛意識裡**畏懼身體魅力（容貌體態）太好的異性**，因為害怕會被魅力勝過自己的對象拒絕，因此就結果來說，才會傾向選擇彼此身體魅力相近的人。

試著模仿對方的行為

前述的相似法則有下列特徵：①個性或興趣、嗜好、價值觀等愈相近愈容易交往；②由於態度和自己很像，所以容易預測對方的行為，也容易得到對方的贊同；③比較不會有必須配合對方才行的心理負擔，所以能有效避開無謂的爭執。

不妨利用②的特徵，用**鏡映方式**來縮短與對方的距離。**鏡映方式是指刻意模仿對方的行為與聲音**

*** 配對假說**　如同美女與野獸的組合般，也有身體魅力完全不對稱的伴侶，但通常此時都是藉由經濟能力或知識等別的條件，來彌補容貌體態上的不足。

等，有如在照鏡子般的方法，例如當對方翹腳時，自己也跟著翹腳，若對方是個講話很爽快的人，自己講話時也試著爽快一些，如此一來就能在短時間內，營造出彼此彷彿是舊識的氣氛來。

但千萬不能模仿得太露骨，否則反而容易讓對方覺得不愉快。最大訣竅是在對方沒有察覺的範圍內模仿。

利用鏡映方式來抓住對方的心

鏡映方式也是取得良好溝通的方法之一，只要模仿意中人的行為或聲音，就能縮短與對方的距離，甚至讓對方對你產生好感。

❶ 模仿動作

對方喝水時，自己也跟著喝水，對方翹腳時，自己也跟著翹腳。

❷ 模仿音調

對方的聲音若比較低沉，自己就刻意降低音調說話。

❸ 模仿說話的樣子

對方講話不拖泥帶水時，自己講話也要盡量爽快一點，若對方說話慢條斯理，自己也跟著放慢講話速度。

能成為戀愛對象的距離

侵入對方領域或個人空間時，也不會被對方討厭的關係

領域被侵入也無妨的人

不論是誰，都有**一旦被人侵入就會覺得不愉快的領域***，而且這種領域存在職場上和學校裡、家庭裡。舉例來說，當你看到別人坐在你平常習慣坐的辦公椅或沙發上時，你應該會覺得「那明明是我的地方」，心裡感到不愉快吧。

但如果此時坐的是你喜歡的人或情人，你不但不會覺得不舒服，反而會覺得很開心吧。同樣的道理，如果你靠近你喜歡的人身邊，對方並沒有露出厭惡的態度，表示對方對你擁有好感，而如果你去坐對方的椅子時，對方同樣沒有表示討厭，就更可以證明對方確實對你有好感。

個人空間與親密距離

這種在**心理上會排斥他人侵入的空間，稱為個人空間**。

雖然個人空間會依當時的狀況與對象而變化，不過**一般來說約為半徑一～一．五公尺的前方領域**，而且已知男性的個人空間比女性來得寬廣，外向的人的個人空間則比內向的人狹小一些。

美國文化人類學家霍爾（Edward Twitchell Hall Jr.）將人際關係的距離分為四種（⬇左圖），不妨對照看看你們之間的距離，是否能夠縮短到**親密距離**。

從個人空間看彼此的關係

這是由霍爾分類的人際關係距離，不妨應用來好好取得你與對方之間的心理距離、物理距離，設法親近你在意的人。

親密距離
（45cm 以內）

家人與情人等
「親密關係」

能輕易碰觸到對方身體的距離，所以搭電車或電梯時，若有人靠近到這個距離，往往會讓你倍感壓力。

個人距離
（45～120cm）

朋友與熟人等
「個人關係」

伸手就能碰觸到對方的距離，容易進行個人間的交談，所以當異性進到這個距離裡時，若你並不喜歡對方，就會倍感壓力。

社交距離
（120～360cm）

同學與同事等
「社交關係」

不易碰觸到身體的距離，是最適合一起工作或學習的同伴間距離，所以若和自己在意的人在一起，不妨先以縮短距離到個人距離為目標。

公眾距離
（360cm 以上）

公眾場合裡面對面的
「公眾關係」

演講與演說等時所採用的距離，很難有一對一的關係，所以不易捕捉到對方的表情變化，必須藉由身體動作等方式來取得溝通。

＊**領域** 亦即地盤、勢力範圍。通常雄性的地盤意識比雌性強烈許多，人類也是。雖然獨自一人時不太會意識這一點，但只要與他人在一起，就會立刻出現這種心理，所以在同樣狹小的屋子裡，分別讓數名男性和數名女性各自相處時，通常女性比較能出現和睦的氣氛，男性這一邊則會變得比較具攻擊性。

10

如何脫離「友達以上戀人未滿」的狀態？

自我揭露能培養感情

若想往前踏出一步

經常一起約出去看電影、喝酒，甚至也牽過手，但彼此的關係卻遲遲沒有更大的進展，或雖然並不討厭現在的狀態，但似乎有點膩了，很想往下一步發展……。

沒錯，這種關係就是所謂的**「友達以上戀人未滿」，不論男方還是女方，都遲遲無法往前踏出一步**。究竟要怎麼做，才能往下一個階段發展？

你在他或她面前，是否完全坦白了你自己？包含居住的地方、家庭成員、興趣等，是否已經都告訴了對方？這就和寫履歷表一樣，若**想讓彼此的關係進展為戀愛關係，就必須讓對方更深入地瞭解你**，這種情形稱為**自我揭露***。

坦白說出自己的弱點和真心

自我揭露是心理學用語，意指**將自己的主觀世界、與自己有關的資訊等，用語言傳達給他人明白的行為**，而且不同於自我呈現（⬇左圖），必須包含正面與負面的內容。簡單地說，連自己的弱點也必須坦白說出來。

自我揭露不但能博取對方的好感，通常也能促使對方跟著自我揭露，這種情形稱為**「自我揭露的回饋性」**。換句話說，若想讓對方敞開心房，就自己先向對方敞開心房。既然是超越朋友的關係，表示目前彼此為親密距離（⬇P67），已經來到能讓彼

＊**自我揭露**　自我揭露有助彼此交換資訊，也能增進瞭解自己與他人，是增加親密度及溝通順暢度的必要手段。

此自我揭露的階段。

自我揭露的內容應包含自己所成長的環境、未來的夢想、很難向他人啟齒的煩惱等，放在內心深處裡的事。只要告訴對方這些事，對方就會覺得「深受你信任」、「已經被你接受」，自然會對你產生更深的感情。

別再老談藝人或朋友的事，還是快點告訴對方你內心裡的話吧。當然此時必須慎選地點，畢竟在遊樂園等處很難聊更深的話題，不妨利用散步時，或到氣氛沉穩的地方去好好聊聊。

自我揭露與自我呈現

自我揭露是透過語言將自己的所有資訊傳達給對方明白的行為，自我呈現則會為了給對方留下好印象，有時會採用非語言的手段傳達。

自我揭露

不論好壞都坦率說出有關自己的各種資訊。只要願意自我揭露，通常對方也會跟著自我揭露。一般來說，女性比男性更擅長自我揭露。

自我呈現

為得到社會好的評價或利益，在向對方揭露時，刻意不揭露對自己不利的資訊，而且除了語言外，也會採用其他手段傳達，例如印象管理就是其中之一。

「似有意若無意」能刺激對方

活用「難到手效果」與「心理抗拒」

強調稀有價值

通常只要聽到「這是全世界僅有的一個」或「昨天本來還有，但都賣光了」，就會讓人更想弄到手。這種**不論誰都想要所謂的限定產品或稀有價值產品**的慾望，主要來自「稀有的東西一定都好」的單純想法。

戀愛也是一樣，面對不論怎麼追都會逃掉的女性，會讓某些男性燃起更旺盛的鬥志；或平常都會適度回訊息、回電話的人，如果突然音訊全無，就會讓人瞬間感到不安。

以女性為例來說，不屬於「八面玲瓏」或「輕浮隨便」，不是和誰都能很快打成一片的女性，若能展現自己的「稀有價值」，通常男人就會追上來。例如受到邀約時，比起立刻答應的女性，會露出猶豫的模樣，甚至是看狀況才答應邀約的女性，更能讓男性感到魅力，這種情形稱為**難到手效果**。

不過話說回來，真正到手後，當然也有可能發現「其實也沒什麼」，還因此覺得很失望，要避免讓對方有這種感覺，一定要好好充實自己。當然也不能過度吊對方的胃口，以免錯失難得的機會，事後再來後悔「漏網之魚最棒」。總之，凡事都要適度。

利用叛逆的心理

「愈是被限制的事，愈想試試看」，你是否也有過這種經驗？當愛情遭到反對或行動遭到限制時，

＊**心理抗拒**　由心理學家布雷姆（J.W.Brehm）所提倡，意指當人們的自由意志受到外界威脅時，會產生想維護自由意志的心理狀態。

人們很自然地會想採取反抗的行為，這種心理稱為**心理抗拒***，也就是叛逆的心理。

例如已經很習慣被人誇獎「妳很漂亮」、「妳很受歡迎」的女性，如果聽到傳言說A先生評論她「其實也不是什麼大不了的女人」時，就會對原本毫無感覺的A先生，突然產生興趣。

或者聽到男友說「我們分手吧」時，如果女友很乾脆的說「好啊」，這時原本預期女友會放聲大哭的男友，聽到女友意外的回應，反而會忍不住說一句「等一下」，如此一來主導權就完全落在女友手上。

奧地利的精神分析學家佛洛伊德認為，**「要提高原慾*（性慾、性衝動）需要某些障礙的存在」**，所以彼此關係已經一成不變的伴侶，或許應該利用這種心理抗拒的作用，重新活化彼此的關係。

戀愛心理見聞

傲嬌的落差讓人心動

剛開始露出高傲的敵對態度，卻因某個契機而轉為嬌羞靦腆的態度，俗稱為「傲嬌」，就像「平常擺出一副撲克臉，但只要二人獨處就會拚命打情罵俏」一樣。傲嬌沒有絕對的定義，基本上是來自網路火星文。

至於愛情故事裡最常見的傲嬌型人，就是個性非常害羞，遲遲不敢向對方告白，但就是讓人討厭不起來。

傲嬌男、傲嬌女之所以能讓人心動，主要就是來自日常行為上的這種「落差」。

***原慾**　佛洛伊德同時也是一名精神科醫師，他非常重視人們的潛意識，因此致力於精神分析，知名的夢境解析就是其中之一。「原慾」一詞由佛洛伊德所創，他認為人們的所有活動都來自原慾。

12

不結婚的理由、無法結婚的理由

想娶卻娶不了的男性、找不到可嫁對象的女性

單身生活很自在、但還是想結婚

在**晚婚情形愈來愈嚴重**的現在，即使三十多歲、四十多歲還沒結婚，以社會風潮觀點來說，也不會讓人覺得不光采，加上單身生活很自在，周遭的人也都能理解，難怪單身的人愈來愈不積極採取行動。

以國立社會保障暨人口問題研究所於二〇一〇年進行的第十四次出生動向基本調查*（結婚與生產之全國調查）結果來說，在結婚的好處與單身生活的好處項目中，回答**「結婚有好處」**的男性為62.4%、女性為75.1%，回答**「單身生活有好處」**的男性為81.0%、女性為87.6%，顯示有更多人認為單身比結婚好。另一方面，回答「終生不打算結婚」的男性只有9.4%、女性更只有6.8%，顯示幾乎所有男女還是認為總有一天會想結婚。

想追求交往對象的認真程度受到考驗

近年來有愈來愈多想娶卻娶不了的男性，以及找不到可嫁對象的女性。

女性在選擇結婚對象時，最優先考量的是穩定性，也就是男性的經濟能力（➡P50），偏偏符合這個條件的男性似乎愈來愈少，加上女性自己也在工作，經濟上逐漸能自立，所以有愈來愈多的女性只要發現價值觀不合就寧願不結婚。至於男性本身，則多因為收入不高或工作不穩定的緣故而遲遲

***出生動向基本調查**　一九四〇年時首度調查，二次大戰後的一九五二年時進行第二次調查，之後每五年調查一次，並從一九八二年時開始加入對單身者的調查項目。

不敢結婚。

不僅如此，實際上目前**沒有和異性交往的未婚者也愈來愈多**，在「目前沒有交往中的異性」項目中，十八～三十四歲的男性為61．4％、女性為49．5％，都是令人震驚的數字。其中回答「想和異性交往」的比率，男女皆約半數。

沒有對象可以交往的理由很多，例如沒有機會認識異性、理想太高等等，但最重要的還是當事者的認真程度。若真想找到情人，一定要好好充實自己的溝通能力、戀愛能力。

單身生活最大的魅力是什麼？

男女在回答單身生活的好處時，壓倒性地都以「行動和生活方式很自由」居多，簡單地說，多數人都認為只要結婚，行動與生活方式就會受到束縛與限制。

單身生活的好處

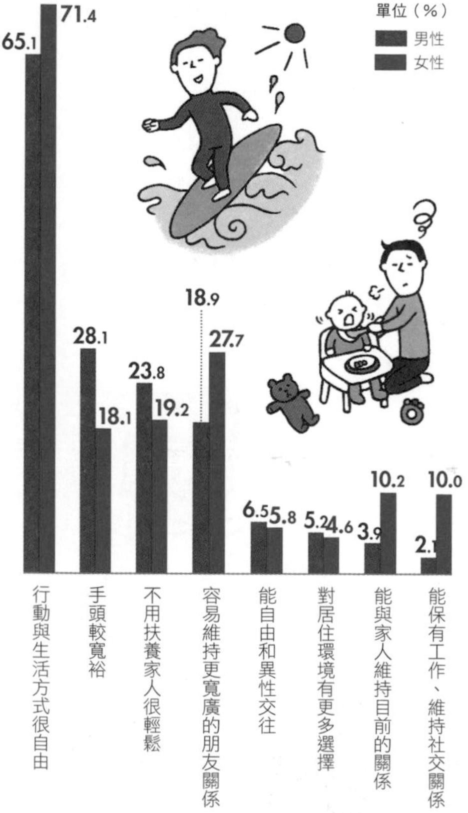
單位（%）
男性
女性
65.1
71.4
28.1
18.1
23.8
19.2
18.9
27.7
6.5
5.8
5.2
4.6
3.9
10.2
2.1
10.0
行動與生活方式很自由
手頭較寬裕
不用扶養家人很輕鬆
容易維持更寬廣的朋友關係
能自由和異性交往
對居住環境有更多選擇
能與家人維持目前的關係
能保有工作、維持社交關係

二〇一〇年 出生動向基本調查（結婚與生產之全國調查）
國立社會保障暨人口問題研究所

提升戀愛力量講座《1》

想拉近彼此距離，就約吃飯

午餐技巧

在政治界和商場上經常會一邊用餐、一邊進行會議或商談，尤其是希望對方能給自己某些方便時，更會利用高級俱樂部或餐廳來招待對方，因為比起關在會議室裡一臉正經地交談，此時的效果會更大。

這是由美國心理學家葛瑞格利．拉茲蘭（Gregory Razran）所提出的理論，稱為午餐技巧，他認為「人們會在潛意識裡喜歡和用餐中有關的人與物」，而且「只要享用美食共度快樂時光，通常話題就會有正面的結論」。

由於吃飯是一種滿足人類本能的行為，人們會極力在用餐中避免與對方發生對立的情形，因此只要在這段時間裡提出需求或談判，被接受的機率通常會比較高。

不妨將午餐技巧應用在自己在意的異性身上，帶對方到自己喜歡的餐廳去，讓對方享用美食和美酒，就能讓對方心情愉悅，進而讓彼此的對話更熱絡，說不定還能因此聽到對方說出以往不曾提過的事，更進一步縮短彼此的距離（自我揭露➡P68）。

PART

3

瞭解男人心、女人心並活用在戀愛上

男人心

不喜歡陪女人買東西

男人重視結果、女人重視過程

男人無法理解女人為何如此愛買東西

對男性來說，女性愛買東西的行為始終是個謎，例如女性最愛的逛街（window shopping*），總是讓男性覺得「既然沒有明確的購物目的，為什麼要特地出去人擠人、到處走動」，完全無法理解只要眺望著櫥窗就很開心的女友心情。

而且若是為了自己還可以理解，偏偏女性經常為了送別人東西花上許多時間挑選，同樣讓男性覺得不可思議，所以當女友要求「和我一起去選禮物」時，許多男性會覺得「又要叫我陪妳去」，還沒去之前就已經不耐煩了。

買東西對女人來說是一種娛樂

對女性來說，買東西是一種娛樂的行為，因為會將各種商品一一拿在手上確認，這個過程非常令人開心。

但**男性都重視結果勝過過程**，所以只想快點把該買的東西買一買，然後回家去好好看一場現場直播的棒球比賽。買東西這件事對男人來說，只要結果有買到自己想要的商品就行了。

但對於還沒有享受完快樂時光的女友來說，當然會想「再多看看其他東西」。只要走在街上，隨時都能看到正在逛街的情侶，此時的他為了不破壞她的好心情，總是極力在忍耐。

＊window shopping 只是看看自己想要的東西的行為。通常百貨公司和精品店的櫥窗裡，都擺有琳瑯滿目的各種商品，難怪會讓女性如此著迷。

對女人買東西的行為感到不耐煩

男性並不會對買東西的過程感到開心，所以若陪女性一起去買東西時，女性最好表現出感謝的心來。

1 在店內挑選衣服的男女
你看，這件適不適合我？
好像還不錯喔。
隨便啦。
2
還是這一件好？
我覺得也不錯。
煩死了。
3
你到底有沒有認真在幫我看啊？
我當然有在看啊。
4 走出商店
再去下一家看看！
哪一件還不都一樣。

其實女性只要稍微發揮一點想像力，應該也能明白男性不喜歡逛街的理由。

假設被男友帶去自己完全沒興趣的商店，例如汽車用品店或鐵道模型店，而且一去就被迫等待好幾個小時，會有什麼感覺？所以**和男性一起去買東西時，務必理解對方並非因為喜歡逛街才跟著來，應該多點關懷的心，盡量在短時間內完成。**若覺得「這樣無法享受買東西的樂趣」，或許就該考慮各自去買自己想要的東西。

每次見面就發牢騷

有可能是責任轉嫁型的「新型憂鬱症」

事情不順利都是別人的錯

有些男人見到久違不見的女友時，不是對她輕聲細語的述說愛意，而是滔滔不絕的抱怨工作，例如「都是因為那傢伙出錯……」、「根本就是主管下達錯誤的指示……」，讓女友只能附和地說「是喔」、「辛苦你了」，要是此時女友說「應該不是這樣吧？」他就會將矛頭轉向女友，生氣地反駁。相信看到這裡，有不少人都覺得「啊！我就是這樣」吧，也有不少女性最終受不了這樣的男性，開始想離開他吧。

若仔細窺視這種男人的內心，會看到**嚴重的自戀**，也就是**自認很優秀，而且超出他實際擁有的能力**，所以工作若不順利，他不會認為是自己的能力不足，而是別人害的（外在歸因型*）。也因為太過自戀的關係，無法忍受別人否定他的想法，所以當女友說出自己的意見時，他就會勃然大怒。

另一方面，這種人**很怕在職場等處與人面對面的討論**，常常因此累積鬱悶，才會在見到久違不見的女友時，自私地將氣發洩在女友身上，完全不顧得聽他發牢騷的女友感受。

當這種傾向愈來愈強時，有可能引發精神上的疾病，例如**新型憂鬱症**。

過度自戀引發的「新型憂鬱症」

「憂鬱症」最常發生在認真又一板一眼，自責

***外在歸因型**　會將引發爭執或不滿的原因，歸咎於自己以外的他人或周遭狀況的人。相反地，會將原因歸咎於自己的態度或能力的人，屬於內在歸因型。

感也很強的人身上，但新型憂鬱症則常見於過度自戀的人身上，所以會認為**「事情不順利都是別人的錯」，在責備周遭人的情況下加深自己的憂鬱。**新型憂鬱症以二十～三十九歲的年輕人為主，有增加的趨勢，已經成為一大問題，而且不想工作、只想沉迷在自己的興趣裡，也是新型憂鬱症的一大特徵。治療這類憂鬱症時，不會採取藥物治療，而是採取行為療法，目的在改變自私的思考模式。

新型憂鬱症

近年來以年輕人為主，有增加趨勢的新型憂鬱症，因為只要提到工作，病患就會瞬間喪失幹勁，但若提到興趣，又會非常沉迷，所以又被揶揄為「開玩笑憂鬱症」。

新型憂鬱症的特徵

- 以二十～三十九歲的年輕人居多。
- 很自戀。
- 很自私。
- 很會責怪他人，只要發生問題馬上會說「都是〇〇不好」，單方面怪罪別人。
- 不想做自己討厭的事，包含工作，卻熱衷於興趣等活動，而且做起來很有活力。
- 會因為抑鬱而毫不猶豫地請假不上班。
- 容易因他人的言行舉止而受傷。

3 很愛給建議

自認為對方好而出示解決對策

愛高談闊論的男人

即使女性只是嘴巴抱怨一下「我們公司新來的同事都不工作，很讓人傷腦筋」，有些男人此時一聽就會開始斥責「誰叫妳們公司不懂得教育員工，妳們應該好好重新教育新人」、「基本上妳是前輩，妳有責任好好訓斥新人」，**論述他自己的理論，只想提供建議**。

但其實此時的女性，只是希望男友能聽她發點牢騷*而已，卻沒有得到效果，反而被男友義正詞嚴的訓了一番……。難怪有許多女性事後經常後悔，「早知道就不說了」。

這種思考上的差異常見於一般的情侶間，只是男性為什麼對女友的話，總是喜歡提出建議「妳應該這麼做」？這是因為**男人隨時都在思考「必須提出解決方案才行」**。

接受問題的女人、想解決問題的男人

當問題發生時，女性會先採取接受的態度，再找人訴苦，設法解除自己因此產生的壓力（⬇P116），所以女性的發牢騷，是為取得心理平衡所需的行為。

但男性在面對問題時，總是想立刻解決，所以當女性發牢騷其實只是想對他訴苦時，男性也無法察覺女性的這種心理，只是努力想找出真正的解決對策，導致只想引起男性共鳴的女性，生氣的認為

男人心

*發牢騷　男人對女人發牢騷，有時能刺激女性的母性本能，讓女性認為「他是在向我展現軟弱的一面」，但如果經常使用這一招，就有可能被女性看成「根本是個軟弱的男人」。

男人「每次態度都高高在上！」而男性也因此發怒「我明明是為妳好，才提出建議的」。以這個例子來說，或許女性一開始就表明「我只是想說給你聽聽而已」，就不會引發不愉快，男性也要明白「她並不是真的要我幫忙想解決對策」，努力壓抑自己想提建議的慾望。

女性只要將話說出來就能消除壓力，所以情侶間若想和睦相處，男性一定要壓抑自己愛訓話、愛解說的習慣。

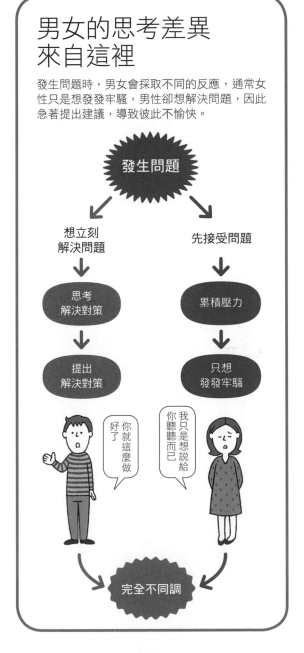

男女的思考差異來自這裡

發生問題時，男女會採取不同的反應，通常女性只是想發發牢騷，男性卻想解決問題，因此急著提出建議，導致彼此不愉快。

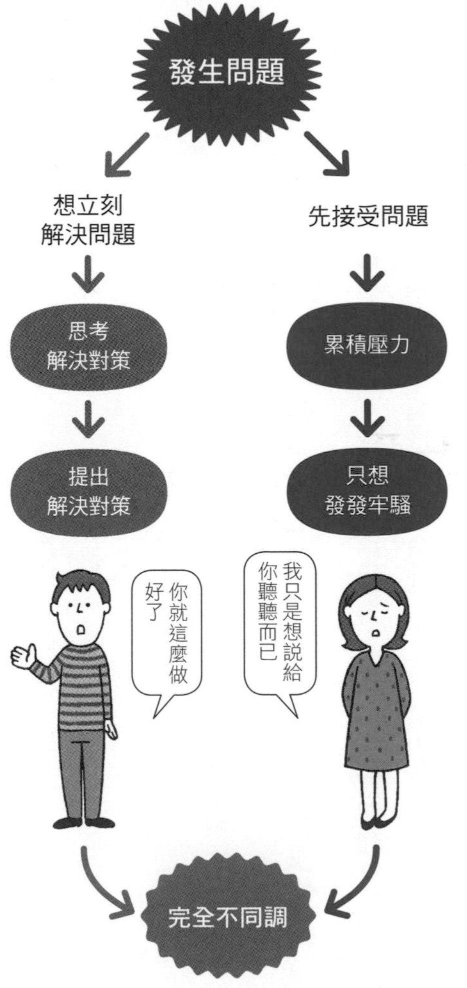
發生問題
想立刻解決問題
先接受問題
思考解決對策
累積壓力
提出解決對策
只想發發牢騷
你就這麼做好了
我只是想說給你聽聽而已
完全不同調

4 愛開黃腔

目的在試探能否追到女性

面對真正有意的女性時不會開黃腔？

一般認為男人之間開黃腔＊，往往是對話的潤滑劑，那麼男性對女性開黃腔，又具有什麼意義？

聽到男性開黃腔時會覺得很開心的女性，應該屬於極少數派吧，通常都會覺得「很困擾」、「很不舒服」。此時的黃腔，不但無法成為對話的潤滑劑，一不小心還有可能被告性騷擾，在這種情況下，男性還會對女性開黃腔，明顯表示**對該名女性不抱持想認真談戀愛的想法**，反而有可能是很討厭該名女性。

此時不妨認為，男性**對該名女性抱持想玩玩的心態，才故意開黃腔想試探女性的反應**，如果女性也跟著起鬨，就認為「可以追到手」。簡單地說，男性此時的黃腔，只是一種輕浮的表現。

也有可能只是因為不習慣和女性交談

或許大家會覺得意外，但**不習慣和女性攀談的男性**有時也會開黃腔，因為和女性面對面時，不知道要談些什麼才好，**為了緩和氣氛才開黃腔**。換句話說，這種男性誤以為只要開黃腔，對方就會回應「○○先生你好色喔～」，進而展開對話，總比彼此無話可說來得好，才會忍不住開黃腔。

也有一些男性開黃腔是希望對方認為他是個**很懂世故的男人**，通常以年輕男性居多，就和十多歲的年輕人故意勉強自己抽菸、喝酒，裝作一副「很懂

＊**開黃腔**　包含「好色」與「下流」的意思在內。能接受男性開黃腔的女性，在宴會場裡會很受歡迎，但最好的應對法是只當個聽眾就好，女性最好別自己開黃腔。

玩樂」的心理一樣。

若是在有男有女的好朋友面前開黃腔，有可能是**沒將眼前的女性當成女性看**，而是一視同仁地當成自己的哥兒們。

妳周遭愛開黃腔的男性，屬於哪種人呢？無論如何，**如果有男性很愛開黃腔，最好認定妳們之間很難發展出認真談戀愛的情侶關係。**

開黃腔的男人屬於哪一類？

會開黃腔的男人，除了只是輕浮外，也有些男人是因為不習慣和女性交談所致。

TYPE 1

能不能追到手

開黃腔想試探女性的態度，如果對方跟著起鬨，就會進一步追求，所以純為一種輕浮的表現。

TYPE 2

先開個黃腔
再說……

不習慣和女性攀談，不知道該說什麼，才會不經思索地隨意開黃腔。

TYPE 3

我是個很老成的男人吧

想被認為自己是個很懂世故的男人，就和十多歲的年輕人故意勉強自己抽菸、喝酒一樣。

TYPE 4

沒將對方當成女性看，而是當成哥兒們。

5 沒有幽默感

不懂得關懷對方、受固定觀念束縛

是幽默還是自我滿足？

有些男人常常自我感覺良好，認為自己「很懂幽默*」，但看在旁人眼裡，只認為他「很愛諷刺人，一點也不好笑」，儘管當事者自以為說得很得體，但別人聽起來卻覺得不舒服。或許幽默這種東西，很難自行判斷。

幽默到底是什麼東西？

如果只有自己開心，就稱不上是幽默，充其量只是一種**自我滿足**，因為**幽默的最大前提**，**就是讓聽到的人能開心**，因此必須懂得**關懷對方**，如果貶低或傷害到誰，即使能因此讓大家發笑，同樣不叫幽默。

需具備能多方觀察的能力

幽默還具有**透過歡笑來緩和痛苦氛圍**的意義，也就是在面對辛苦的狀況時，能將它昇華為歡笑，藉以緩和難過的心情，這才是幽默。

要達到這個目的，就**不能受固定觀念束縛**，**同時需具備能多方觀察事物的能力**。簡單地說，就是頭腦必須靈活。此外，明白世上存在各種想法不同的人，也是很重要的事。

一般來說，懂幽默的人似乎都很擅長與人交談，而**擅長與人交談的人都有辦法站在對方的立場來思考**，所以才有辦法取悅對方。

由此可見，要學會幽默並不簡單，但即使無法說

男人心

＊**幽默**　能讓對方發笑的行為或言語，非常類似說笑話或搞笑，但通常對人類的行為具有更強大的洞察力，為做區別而稱為「幽默」。

出好笑的話來，也不會因此降低一個人的價值，所以也不必因為「我不懂得如何說笑」就對自己感到悲觀。

「關懷別人」、「不受固定觀念束縛」，這些都與會不會說笑無關，但能提高與他人之間的溝通能力，不妨多意識到這一點，就能讓自己的心情更舒暢。

自以為幽默……

自認說了很有趣的話，結果卻是白忙一場，你是否也有過這種經驗？若有下列情形，就有可能是誤解了幽默的意義。

- 不懂得關懷對方。
- 看輕對方，或反過來對對方感到自卑。

- 不懂得多方觀察事物。
- 視野狹隘。

- 受固定觀念束縛，很頑固。
- 聽不進別人的意見。
- 不會判斷狀況。
- 缺乏想像力。

男人心

6 在母親面前抬不起頭來的媽寶

兒童期的母子緊密關係一直延續到成人期

媽寶會引發的問題

不受女性歡迎的男性之一就是**媽寶***，甚至有不少女性認為「要是嫁給媽寶，一輩子就完了」。

但其實**基本上男性都對母親擁有特別的感情**，畢竟是生下自己、養育自己長大的人，身為一個人會有這種特別的感情，也是理所當然的事，所以甚至有一說是每個男人都是媽寶，只是程度嚴不嚴重而已。

通常女性只要聽到「媽寶」一詞，往往會反應過度，但其實不妨仔細想想，如果妳的他是一個對母親非常冷漠的人，恐怕妳對他也不會有太好的評價吧。

實際上男性如果只是對母親很孝順，並不會影響和伴侶的感情，**媽寶真正的問題在於會因為這樣而影響與伴侶的關係**，例如吃她煮的菜時會抱怨「和我媽煮的味道完全不一樣」，這也是女性最討厭的典型媽寶之一。將她拿來和母親做比較，或聽從母親的意見勝過她的意見時，才是讓她抓狂的真正原因。

過度干涉的母親與存在感很微弱的父親

兒童期的男生基本上都最愛母親，不論洗澡還是睡覺都要和母親一起，遇到麻煩或難過的事時，也會向母親哭訴，但隨著成長，視線會開始朝向外面

***媽寶**　對母親擁有強烈的依附和執著，有時也包含對母親懷有強烈憎恨的情形。

的世界，尤其交到朋友或女友時，更會將母親擺在其次。

但有問題的媽寶卻**無法順利發展這種母子分離的情形，即使長大成人，精神層面還是維持著母子緊密的關係**＊。由於沒有自己的意志，所以凡事都聽母親的指示，就連升學、就業、交女友也一樣，會以能否讓母親滿意為選擇依據。

尤其是母親過度干涉，加上父母感情不睦或沒有父親的家庭，似乎最容易養出這種媽寶來。

如果自己喜歡的男人正好是媽寶，許多人可能會說「那就馬上分手」。如果沒有任何猶豫，或許這也是個選擇，但就像一開頭所說明般，幾乎沒有哪個男人完全不存在媽寶的要素，所以最重要的是**洞徹男人的媽寶程度，再判斷是否會威脅到妳們的關係**。

戀愛心理見聞

在孩子發展過程中所需的戀母情結

媽寶並非心理學用語，爸寶也是一樣。相當於媽寶的心理學用語是戀母情結（oedipus complex）。

奧地利的精神分析學家佛洛伊德將四～六歲的時期稱為性器期，是孩童開始對異性產生興趣的時期，以男孩子來說，會對自己身邊最近的異性，也就是母親產生性方面的興趣，同時將母親的伴侶，也就是父親視為礙眼的人。

但孩子隨著成長，會逐漸看到原本厭惡的父親偉大的一面，因此逐漸放棄對父親的女人，也就是對母親的愛戀，視線開始轉向外面更寬廣的世界。

這就是佛洛伊德所主張的戀母情結，而佛洛伊德認為這也是人類必經的心理成長過程。

＊**母子緊密關係**　「依附（attachment）」是幼兒期之前形成的親子情感聯結，是不可或缺的過程，但「緊密關係」卻是孩子延續母子一體的感覺而直接成長，導致出現各種弊害。

7

除非被認為自己是對的，否則不善罷甘休

覺得認錯就是認輸

男人心

深信自己是對的

假設二人開車出去兜風約會，來到視線不佳的十字路口時，因為他沒有仔細確認周遭狀況，差點和對向來車相撞，於是破口大罵「搞什麼鬼！會不會開車啊！」完全沒有反省自己的錯，只是一味責怪對方，此時就算女友說「你自己也沒有仔細確認啊」，他也不會認為是自己錯，反而會反駁「我又沒錯，是對方亂開車」。

多數**男性被指責錯誤時，都會打死不認自己有錯**。為什麼男性會這麼習慣**將自己的行為合理化**？

對戰鬥感到熱血沸騰

男人在本能上原本就是會很在意輸贏的生物，所以當自己支持的足球隊如果輸球，通常會因為不甘心而掉淚的是男人，並非女人。此外，觀看格鬥技是男人常見的興趣之一，但多數女性只會覺得「看兩個人在那邊互相鬥毆有什麼好玩？」這是因為男人在觀看時，都會當做是自己在場上奮戰，因此感到熱血沸騰的關係。

對這樣的男人來說，**要他承認自己有錯，等於要他認輸一樣**，絕對是必須避免的情形，只要如此思考，就能明白他的態度為什麼總是看起來固執又自大。

此外，一般認為男人比女人還**喜歡炫耀**，所以會炫耀年收和職稱的人，也壓倒性地以男人居多。這

是因為男人在意識上，同樣隨時想和他人在社會地位上比輸贏的關係。

或許世上的女性們，最好理解男人這種想自我正當化的行為，多睜一隻眼閉一隻眼，真正需要做的是設法學會如何操縱這樣的男人，才能讓妳們的關係更順暢。

不過即使要將自己的行為正當化，也不能超過一定的限度，如果太過頭，很容易被誤會是**自戀型人格障礙***。

男人在本能上會很在意輸贏

男人自原始時代起，就擔負著對抗敵人的工作，所以直至今日，男人仍保有在意輸贏的本能，或許看在女性眼裡，會覺得很無聊吧。

●熱衷於運動和對戰遊戲。

上啊—！

我賺得比較多
…

●對年收與職稱的高低很敏感。

●很愛炫耀。

絕對是我說的對

●深信自己才是對的。

●死不認輸。

我可沒有輸
○○大賽

***自戀型人格障礙** 對自己過度評價，深信自己是非常特別的存在，會希望他人不斷誇獎自己，將自己當成特別的存在。

男人心

8 容易沉迷於收藏或遊戲

逃避現實、打造自己的世界

男人不論成長到幾歲都像小孩子

有一句話經常被用來形容成人男性，那就是「**還保有赤子之心**」。通常男性比起女性，確實殘留有更大的幼稚性。

這種儘管年齡上已經是成人，卻**始終想當小孩**，**擁有不想長大的願望的男性心理狀態**，**稱為彼得潘症候群**，而男性心中或多或少都潛藏有這種彼得潘症候群。

例如**熱衷於玩具的成人男性**，比一般人想像中來得多，所以女性往往會認為「都老大不小了，居然還這麼沉迷於玩具」，但對男性來說，這是一種夢想。

點燃收藏魂熱情的要素

不過並非只要是玩具就能讓男性熱衷，要能抓住男性的心，仍需要某些要素。

第一個要素是「**收藏**」，例如鐵道模型、迷你車、人偶、卡片類遊戲的卡片等，就像昔日的少年們熱衷於收集紙牌一樣，不論今昔，**男性都是喜歡收集東西的生物**，試圖透過收藏行為重現收藏品的世界，而要讓該世界更臻完美，就不能有任何欠缺，換句話說，為了達到「收藏齊全＝完結」，男性會非常拚命。

其次是具有「**客製化***」要素的東西，例如將迷你四輪驅動遙控車或陀螺，依照自己的喜好加以改

＊**客製化**　將廠商依照一定規格製作出來的產品，配合使用者的興趣加以改造的情形，常見於汽車、機車、軟體、遊戲等產品。

造，做成只屬於自己的獨一無二的產品時，就能感到莫大喜悅。

另一個不可或缺的要素是**「戰鬥」**，畢竟男人從原始時代起就負責狩獵的工作，所以從那時起，戰鬥就成為男人發揮才能的舞台。

至於彼得潘症候群，用一句話來簡單形容，就是心智年齡還很低，非常類似**只想逃避而不願正視現實世界的精神未成熟期**。或許熱衷於收藏與遊戲，也是一種逃避現實的表現。

讓男人沉迷其中的玩具

男人是保有強烈幼稚性的生物，不論成長到幾歲都會沉迷於玩具，或許這也是無可奈何的事。特別會讓男性產生興趣的東西如下。

收藏

熱衷於收集迷你車、鐵道模型、人偶等物，會因此投入大量金錢。另外喜歡收藏舊式唱盤或CD的男性，也遠比女性多。

客製化

為追求只屬於自己的造型，會非常熱衷在改造物品，所以機車與汽車等客製化產品專賣店，幾乎都以男性客人為主。

戰鬥

從小男孩之間的戰爭遊戲開始，基本上不論哪個年齡層的男性都很愛戰鬥，最具代表性的就是沉迷於軍事與戰爭遊戲的男人，以及軍事阿宅。

9

追著偶像跑的阿宅

自我評價低的男人，會逃避現實並膨脹自己的幻想

男人心

如果男友是偶像阿宅？

找他出去約會時，他說「那一天不方便」，沒想到從他的推特上得知，當天他是去參加某偶像的握手會。

原本以為二人的交往非常順利，直到此時才知道原來他是一個追著偶像跑的阿宅，讓她非常震驚，這時回想以往，發現其實早有蛛絲馬跡。

被稱為**偶像阿宅***的人，**會投入令人難以置信的時間與金錢在支持偶像**，有些人還會因此犧牲工作，甚至去借錢，如果這樣的男人是妳的男友，妳要怎麼辦？

偶像不會拒絕我

偶像阿宅看到偶像時，幻想會愈來愈膨脹，尤其是今日的偶像都非常貼近粉絲，幾乎站在伸手可及的地方，但實際上當然不可能真的得到手，也是**這種絕妙的距離感讓阿宅們持續維持幻想**。

會如此深陷不拔的人，常見於**自我評價低的人**，由於對自己的容貌和能力沒有自信，或過去曾體驗痛苦的失戀，才會**為了逃避現實而沉迷於偶像**。由於對方是偶像，不但不會拒絕他們的愛慕之心，甚至會以笑容迎接他們的存在。

而且追著偶像跑，才能讓他們每天過得很忙碌，對生活感到充實，甚至與同樣的粉絲們聚集在一

＊**偶像阿宅**　原本是指對一般偶像的事瞭若指掌的御宅族，但近年來也用來指沉迷於特定偶像的人。

起，彼此熱情述說時，也**能填補他們內心裡的空虛**。

不過若自己沉迷的偶像被傳出「已經不是處女」時，有時會讓他們瞬間感到厭惡。簡單地說，當他們心中理想的女性形象瓦解時，有可能因為反作用而產生憎恨的情感。

若要和偶像阿宅交往

偶像阿宅會和一般女性交往，最常見的似乎是因為抵擋不了來自女性的熱烈追求。由於偶像阿宅看在一般女性眼裡比較軟弱，難免有些女性會反而喜歡阿宅的這種體貼與溫和態度。

除非是生理上就是無法接受偶像阿宅，否則若想和阿宅持續交往的話，就**不能否定他所喜歡的偶像**，因為當他喜歡的對象被人否定時，他會覺得是自己遭到否定。

此外，他喜歡的對象畢竟是個偶像，所以也**不能因此吃醋**。至於若有考慮結婚，就應該好好討論今後金錢的使用法，如果他無法理解這一點，恐怕還是早早和他分手比較好。

戀愛心理見聞　要注意過度追著偶像跑的阿宅

因為過度沉迷於偶像，導致看不到周遭事物的男性，如果妳的他有這種情形，妳會怎麼做？妳有辦法溫暖地在一旁守護他嗎？

- 為了幫偶像多消化一些 CD，大量買入相同的 CD。
- 只要是和偶像有關的商品，就一定要買齊。
- 即使借錢也要去參加演唱會和所有活動。
- 因為追著偶像跑的關係而影響到工作。
- 無時無刻都在想偶像。
- 現實裡的人際關係非常淡薄。
- 一聽到偶像的醜聞，就瞬間厭惡起偶像來。

10 遲遲安排不了約會行程

看似體貼有時只是優柔寡斷罷了

男人心

過度體貼的男人反而不搶手

根據問卷調查結果顯示，在要求情人的條件中，**「體貼的人」**總是排名在前，但實際觀察周遭「看起來很體貼的人」是否真的很搶手時，會發現其實不然，原因似乎來自女性對情人所要求的「體貼」，與一般人所謂的「體貼」有落差。

以對人非常溫和，凡事都會聽從女性意見的男性為例來說，乍看之下似乎非常體貼，剛開始會讓女性覺得待在一起很放鬆、很開心，但**隨著彼此愈來愈熟後，會讓女性開始覺得似乎有所不足**。

即使出去約會，也會問女性「妳今天想去哪裡？」、「妳今天想做什麼？」、「妳今天想吃什麼？」，凡事都要問女性的意見，乍看之下似乎非常尊重女性，但站在女性的立場來說，只會覺得這個男人是**優柔寡斷、沒有主見的男人**。

「不想負責任」的反向表現

這種**男性一切以女性的期望為最優先的表現，或許背後隱藏了「不想負責任」的心態**，因為擔心萬一自己決定的約會行程沒有一項讓她滿意……、萬一餐廳客滿必須被迫等待……、萬一被她嫌棄了……等等，與其擔負這些風險，不如直接問她的意見比較保險。

但女性通常都有女性特有的直覺，能敏銳察覺男性的這種心理，有時會因此受不了而覺得「這個男

只懂體貼的男人絕對NG

「我的學歷和長相明明都不差，為什麼就是沒有女人緣？」，有這種疑慮的男性，確認看看你是否有下列情形。

人很無趣」。**對女性而言，「體貼」必須包含這種能承擔責任的堅強心理**。

換句話說，要讓愛情能夠順利成功，就不能當一個只懂體貼的應聲蟲*，有時也得表現出強硬的一面，主動對她說「今天去看電影好嗎？」、「今天去吃義大利料理，我知道有一家餐廳不錯」。這種願意承擔責任的態度，才能讓她覺得你是一個「值得依靠的人」，大大提高她對你的好感度。體貼有時也需要加入適度的強硬態度。

＊**應聲蟲** 面對對自己而言具有影響力的人時，會極力想討好對方，即使被對方問到意見，也永遠只會做出肯定對方的回答。

11 很愛去「常去的店」

發揮主場優勢，讓自己站在比對方有利的位置

男人心

平常溫文儒雅的他突然很MAN

找自己在意的女性出來約會的男性，此時的他對新交往的她說「要不要去我常去的店？」她也點頭同意「好啊」，結果去到他常去的店裡後，讓她大吃一驚。因為她平常所認識的他，是一個溫文儒雅的人，連要找她出來約會，感覺都好像得鼓起很大的勇氣來。

但**他在「常去的店」裡卻表現得很MAN**，甚至對她說「這裡的○○很好吃，我很推薦」、「妳今天的打扮很漂亮」，態度變得非常積極。究竟他是哪來的勇氣，會有這麼大的改變？

在熟悉的地方發揮實力

以心理學用語來說，他不過是巧妙利用了**主場優勢***。以棒球來說，主場就是該球隊自己的球場，換句話說，**自己最熟悉的地方或領域**就稱為主場。

據說不論棒球還是足球，在主場進行比賽時，勝率會比較高，這是因為有眾多自己的球迷在場邊加油，因此**能比對方占有優勢，充分發揮實力**的關係。由此可見，只要待在能讓自己感到安心的主場裡，就不會被對方牽著鼻子走，也能讓自己居於優勢。

文章一開頭的他，也是因為到了自己「常去的店」，在熟識的店員與客人的支持下，才會從原本

＊**主場優勢**　這種心理戰略也能應用在商場上，例如要說服很難纏的客戶時，不妨帶他到自己常去的餐廳等地方去談。

看似膽小的人，變成強勢的人。

不論要去旅行還是約會，只要帶她到自己熟悉的地方去，就能減少難為情甚至是失敗的情形，也能避免因為是自己沒去過的地方，而顯得不知所措的樣子。不僅如此，萬一臨時發生狀況時，若是在自己熟悉的地方，應該也能順利處理。不過絕對不能表現出傲慢的態度，一副「這裡是我的地盤」的樣子，否則只會讓女性反感，更會讓難得的主場優勢變成零。

主場能帶給自己力量

帶人到自己熟悉的地方時，能讓自己居於優勢。不妨利用這種心理來向她告白。

平常的他

看似溫文儒雅、有點軟弱。

到常去的店裡時的他

態度非常MAN，而且充滿自信。

12 對年長女性感到魅力

尋求有智慧及包容力女性的趨勢，讓熟女人氣度大增

男人心

尋求包容力、智慧、經濟能力的男性

近年來似乎有愈來愈多的男性，會選擇比自己年長的女性為伴侶（➡P120），你周遭是否也有幾對這樣的男女？

其實**就行為心理學的觀點來說**，**「男性年紀大、女性年紀小」的伴侶，適性會比較好**，統計學上的結果也以這種組合占絕大多數，在這種情況下，會選擇年長女性的男性，到底是什麼樣的男性？最常聽的答案是「愛上的女性正好比自己年紀大而已」。畢竟不同於舊時代，現在是以自由戀愛（結婚）為主流的時代，的確有可能受到吸引的對象，碰巧是一個比自己年長的人。

但若進一步分析，會發現其實有一種男性**想尋求具有包容力的女性**，希望能被精明能幹的她照顧，其中有些人甚至有**媽寶**（➡P86）傾向。

另一種男性是**精神年齡高過實際年齡，所以想尋求智慧程度較高的成熟女性，以符合自己的程度**，就像早熟的高中男生愛上大學女生一樣。

還有一種男性是因為**對女性的經濟能力感到很有魅力**所致，也就是所謂的**「小白臉」**（➡P108）。不過相對地，也有一種女性必須被小白臉依賴，才能從中確認自己的存在意義（**共依附**➡P140）。

重新發現「熟女」魅力

基本上要選擇什麼樣的人當伴侶，完全是個人的

＊**歐巴桑軍團**　漫畫家堀田勝彥所創的語詞，結合「歐巴桑」一詞和恐怖電影《芝加哥打鬼》的日文片名「軍團」一詞而來，意指厚臉皮的中年女性，還被選為一九八九年的流行語大賞。

自由，但既然有愈來愈多的男性不再認為女性的魅力只有年輕，對女性來說還是一件令人振奮的事，因為以往的時代潮流，曾讓中年女性被冠上「歐巴桑軍團*」等含有嘲諷意味的稱號，但最近卻開始以「熟女*」身分被年輕男性視為可談戀愛的對象，

這對女性來說，表示年齡的增加不再只是負面因素，因此能提升對人生的享受方式。

選擇年長女性的男性

選擇年長女性的男性有增加的趨勢，究竟是哪種男人會喜歡年長的女性？

TYPE 1

尋求女性的包容力

希望能被精明能幹的她照顧。

TYPE 2

精神層面較成熟，且智慧程度較高

興趣及交談內容都與成熟女性比較合得來，會比較開心。

TYPE 3

年長女性的經濟能力是一大魅力

¥
10000

自己的收入較少，能依賴她的收入。

TYPE 4

不受一般常識束縛

是誰規定交女友，一定要找比自己年輕的？

即使違反世間通用的慣例也毫不在乎。

＊**熟女**　年齡定義會因男性的感覺而不同，《大辭泉》上的定義是「三十歲到五十九歲且散發出成熟女人味的女性」。喜歡熟女的男性會尋求具有包容力的女性，能夠時而讓他撒嬌、時而責備他。

13

男人心

對服務態度不佳的餐廳會發飆

向立場軟弱的人示威，以確認自己的優越

態度會因對象不同而改變

有時會在餐廳等處看到態度傲慢的客人，毫不客氣地對著店員斥責「點的東西怎麼還沒來！太慢了吧！」而只要送上來的餐點內容和他點的不一樣，就會立刻破口大罵「你到底是想怎樣，叫你們負責人來！」待在這種男人身邊，只見同行的女伴一臉尷尬。

餐廳這種**服務業，是由收受金錢以提供服務的店家，和支付金錢以獲取服務的客人**所構成，照說沒有哪一方比較偉大，偏偏這種類型的男人都**誤以為付錢的人比較偉大**。

有些人**遇到這種誤以為自己的立場在上的情況時，態度會變得非常傲慢**，例如搭計程車時，因為沒有第三者在場，會一開始就以命令的口吻說「給我到○○」，萬一司機走的路線與他想走的路線不同時，還會破口大罵「喂，你在給我繞遠路啊！我不會付錢的」。這樣的男人在面對同事或主管等位階和自己相同或高於自己的人時，通常態度會馬上變得溫和。

愈弱的狗愈會叫

這種類型的人，從心理學的觀點來說，是想**藉由向立場軟弱的人示威的方式，來確認自己的優越**，同時也藉由展現自己的優越給同行者看的方式，來強調自己的力量，進而引起同行者的注意。如果平

常在職場上，只看過這種人對主管卑躬屈膝的樣子的話，看到他這種巨大的態度轉變，恐怕會目瞪口呆。

這種人的另一個特徵是**傲慢的態度下其實隱藏著很強的自卑感***，完全是一種「愈弱的狗愈會叫」的表徵。

如果妳的情人是這種人，最好明確指出這種態度以幫助他提醒自己，萬一他還是死性不改，或許分手也是一個值得考慮的選項。

對上下關係很敏感的男人

態度會因對象不同而改變的人，都會隨時意識自己與對方的上下關係、立場的差異。

自己 > 對方

對立場在自己之下的人，會採取高壓態度。

我說你今天的打扮，有夠俗氣的。
咦？有嗎……。

自己 < 對方

對立場在自己之上的人，會表現得非常謙卑。

課長，您今天的領帶真是好看。
是嗎？

＊**自卑感** 認為自己不如他人的心理狀態，也可稱為「自卑情結」或單純稱為「自卑」。相反詞是優越感。

男人心

14 回應時都隨便敷衍過去

男人腦的構造是一次只能處理一件事

敷衍回應其實沒有惡意

有時跟他說話，他只會敷衍似的回應「哦」、「嗯」，站在女性的角度來說，不得不懷疑他到底有沒有聽進去，難怪有許多女性會生氣的認為「當我是笨蛋嗎」。

但他其實並沒有惡意，會發生這種爭執，主要是因為**男女的腦構造不同**（⬇P46）。

男人的腦與女人的腦不同

其實男性與女性不只是身體上的構造不同，就連腦部的運作方式也不一樣。

女性的腦可以一次同時處理好幾件事，例如邊看電視邊講話，或邊講電話邊看郵購目錄。但**男性的腦一次只能處理一件事**，所以看電視時就會專心看電視，講電話時就會專心講電話。

這種情形只要透過ＭＲＩ*拍攝腦內的狀態，就能清楚得知。例如女性正在看電視時的腦內狀態，顯示除了負責看電視的區域外，其他區域同樣在活躍運作，所以才有辦法邊看電視邊講話。

反觀男性此時的腦內狀態，會發現除了負責看電視的區域外，其他區域幾乎都呈現休息狀態，難怪女性此時跟他說話，他也幾乎都聽不進去，才會表現出隨便敷衍的樣子來。

或許女性們很難相信這一點，但男性腦的構造的確是不同的。

＊MRI　核磁共振造影。利用磁場和電磁波、氫原子的作用，斷層掃瞄身體以做檢查。由於不使用X光，所以不必擔心會有輻射問題。

在溝通上多下點工夫

若希望他能回應得認真一點，女性們最好考慮一下跟他說話的時機，**當他沉迷於某件事時，很難期待他會有讓你滿意的回答**，此時不妨用「○○先生」來稱呼他，就能刺激他的聽覺定位，讓他的腦從看電視的腦轉為與人對話的腦。只要這麼做，就能促進順暢的對話。

專注型的男性腦

男性的腦與女性的腦構造不同，男性只要專注在某件事時，即使有人跟他說話，他也只會敷衍回應。

男性腦

構造上一次只能處理一件事，雖然看似很沒有效率，但相對地能在該件事上非常專精，才會有許多專家與研究家都是男性，就是來自男性腦的這種特性。

女性腦

構造上能一次同時處理許多件事，但也因此較難在某件事上專精，算得上是樣樣通樣樣鬆。

15

很愛挑戰「高嶺之花」

利用美麗女友來提高自己的身價

男人心

一般來說，男性本來就**擁有想挑戰比他人更難的事的慾望**，才會對一下就追到手的女性感到不滿足，反而是不輕易上鉤的女性，更能激發男人的戰鬥本能。

追到好女人時的成就感

電視劇裡常見男性在酒吧或酒館裡追求女性的劇情，但若說此時的男性是出於由衷對該女性產生好感才這麼做，似乎也不然。儘管如此，男性還是願意花錢與時間來追求女性。

追到好女人時，或追到看似容易追但其實不易追的女人時，似乎都能帶給男性極致的喜悅（**難到手效果**➡P70）。

事實上，人在設定目標後要採取行動時，都會先設定主觀的**達成基準（期望水準***）**，**會想追求好女人的男人**，**這種期望水準比較高**，認為「既然要做，就要擁有更高的目標，而且一定要達成」。

美麗女友的「月暈效應」

不僅如此，想擁有一個美麗女友，本來就是所有男性的願望，所以當男人和朋友一起進行兩對男女約會時，會彼此在下意識裡比較誰的女友漂亮，或將女友介紹給主管認識時，只要主管讚嘆女友的美，也會讓男性感到無比驕傲。此外，帶著美麗女友走在街上時，只要擦身而過的人回頭看，也會讓男性的自尊心得到滿足。

***期望水準**　要擬定計畫或目標時的主觀目標設定，會因實際狀況與自己的關係而變動，也會因對成敗的感受方式而不同。

簡單地說，男性都**很期待美麗女友的月暈效應**＊**（光暈效應、光環效應）**。月暈效應是指利用自己的位階職稱或身分等要素，讓自己看起來比實際偉大，贏得更多信任的效應。

沒有光環特徵的男性，只要讓他人看見自己美麗的女友，就能藉由女友的光環得到較高的評價，所以男性才會這麼渴望和美女在一起。

月暈效應的實驗

美國心理學家辛格曾以大學教授為對象，進行有關月暈效應的實驗，結果發現即使是大學教授，同樣會受月暈效應影響判斷。

實驗方法 辛格準備了二百張左右的女學生照片，然後請四十位教授分別對女學生的外表魅力進行評價。

↓

結果

外表魅力評價愈高的女學生，實際的學業成績也較高，儘管女學生本身並不認為外表魅力和學習能力有關，顯見這也是一種月暈效應。

＊**月暈效應**　「月暈」是指「月亮外圍」的那一圈「暈光」，月暈效應則是指當我們在評價某人時，只要對方擁有明顯的外表或職業等特徵，我們就會受該特徵影響，因而忽略其他方面的評價要素。

男人心

16

當結婚逼近眼前時會突然心生恐懼

單身很輕鬆，不想承擔生活上的不安與風險

男人的婚前憂鬱症

一般人都認為婚前憂鬱症*是女性特有的症狀，但其實**男性同樣有類似婚前憂鬱症的情形**，只是男性通常不是在決定要結婚後才發作，而**是在決定要結婚前發作**，這一點和女性非常不同。

有些情侶明明沒有任何阻礙，卻遲遲下不了決心結婚，儘管彼此適性不差，年齡也相當，就連雙方的父母也都贊成，卻在開始出現結婚的念頭時，男方突然心生恐懼，這就是男人的婚前憂鬱症。「等我能獨當一面後再說」、「等我工作告一段落後再說」，藉由種種理由將婚期往後延了好幾年，最後終於讓女性受不了而宣告分手。

其實並不討厭她，只是**捨不得放棄自由自在的單身生活**，加上現今的低迷景氣，**對經濟面產生很大的不安，沒有自信能成為一家之主來養活妻子**，但又不想主動提分手。對想結婚的女性來說，他的這種態度讓人很焦慮。事實上近年來因為不景氣的影響，有這種想法的年輕人似乎不少。

同居不見得是結婚的捷徑

面對這種態度模糊的男性時，「先住在一起再說」不見得是良策，因為**對男人來說，最美味的關係就是「同居」**，不但能有性生活，也有人幫忙做家事，而且自己完全不用負責任。有些人將同居視為「**試婚***」，但其實對女性來說，這種方式有時

＊**婚前憂鬱症**　即將結婚的人對婚姻生活抱持茫然不安與憂鬱的狀態。男性的情形不同於女性，所以又稱「求婚前憂鬱症」（P128）。

反而會離結婚愈來愈遠，因為覺得「很滿意現在的生活，沒必要刻意結婚來讓自己承擔責任」的男性還真不少。

說穿了男性的婚前憂鬱症也和女性一樣（➡P128），只能花時間慢慢克服自己的心理障礙。至於女性如果發現男友正為這件事煩惱，最好暫時忍耐別逼著他結婚，要有默默守護他的度量才行。

男女大不同的婚前憂鬱症

相對於女性的婚前憂鬱症是發生在被求婚後，男性的婚前憂鬱症是發生在求婚前。究竟未婚的男女對結婚和家庭，抱持什麼樣的意識？

對結婚與家庭的意識調查

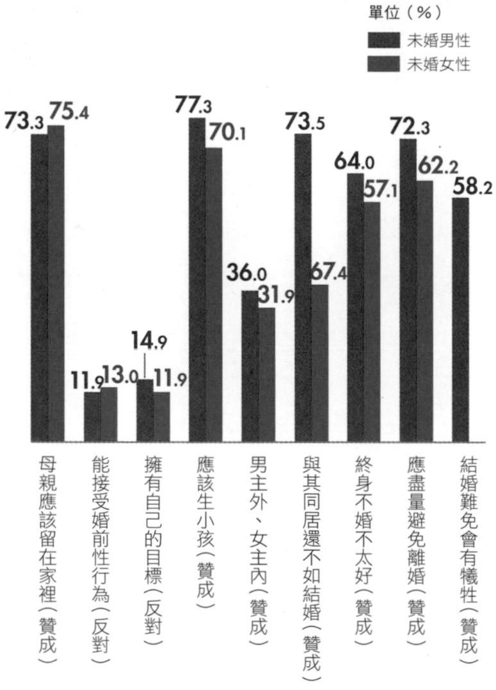
單位（%）
未婚男性
未婚女性
73.3
75.4
11.9
13.0
14.9
11.9
77.3
70.1
36.0
31.9
73.5
67.4
64.0
57.1
72.3
62.2
58.2
母親應該留在家裡（贊成）
能接受婚前性行為（反對）
擁有自己的目標（反對）
應該生小孩（贊成）
男主外、女主內（贊成）
與其同居還不如結婚（贊成）
終身不婚不太好（贊成）
應盡量避免離婚（贊成）
結婚難免會有犧牲（贊成）

二〇一〇年 出生動向基本調查（結婚與生產之全國調查）
日本國立社會保障暨人口問題研究所

＊**試婚** 瑞典的合法婚姻當中有90%以上是經過同居（Sambolagen）後才結婚，一九八八年時更施行了保護同居者的同居法，具有很強的「試婚」意味。

17

強勢小白臉與弱勢小白臉

有些年輕人寧願成為女性忠心的寵物、趁年輕時多享受一些

男人心

不工作且住在女性家裡

昔日提到**「小白臉」**時，都給人一種「強迫女性陪酒或賣春，再大肆揮霍女性賺的皮肉錢的不要臉男人」，但最近的小白臉不再是那種有如流氓般的男人，而是有愈來愈多看起來非常正經的普通男人。

這種男人的首要特色是不工作，而且會住到女性家裡。基本上只要符合這個大前提，就會被認定為「小白臉」。小白臉又可分為二種，一種是**女性自己非常深愛這個男性，因為擔心男性會離開她，所以對男性盡心盡力，還讓男性住進家裡**。在這種情況下，女性幾乎什麼都聽男性的，也會極力供養男性，所以這種男性屬於只有得到好處沒有壞處的小白臉。簡單地說，就是強勢小白臉。

另一種是女性認為「你是靠我養的，所以你凡事都應該聽我的」，屬於**被女性緊緊束縛的小白臉**，只要不聽從她的意見，隨時都有可能被她趕出來，也就是**弱勢小白臉**。

小白臉與女性的利害關係一致性

前者的小白臉，主導權在男性身上，但不同於以往的小白臉，不會強迫女性工作來養活自己，所以儘管握有主導權，女性也會很歡喜的接受這種狀態，對男性來說，沒有比這種地方待起來更舒服了。或許這種男性擁有知悉如何取悅女性的體貼一

＊**婚活** 如同日文稱就業活動為「就活」般，結婚活動被簡稱為「婚活」，還入圍二〇〇八年的流行語大賞，更因此大大增加提供婚活服務的行業，象徵不進行婚活就很難結婚的時代已經到來。

面。

不過以這種案例來說，即使男性對女性已經沒有感情，也有可能因為待起來很舒服，為維持現狀而繼續當一個小白臉。無論如何，至少表示**二人的利害關係是一致的**。

後者的小白臉，雖然主導權在女性身上，但只要確實做家事，並盡責地當個性伴侶，**聽從女性所說的話，就能過著自由自在的生活**，就像**寵物**一樣的存在。

究竟是什麼樣的男性會成為小白臉、能成為小白臉？首先是**不喜歡工作**，而且比較**懦弱又體貼**的人，再者是想趁年輕時多享受一些，才成為小白臉的年輕人，因為只要能被年長女性或熟女喜歡（⬇P98），私下甚至能和自己同齡的女性約會，沒有什麼比這種生活更棒了。

站在女性的角度來看，這種男性很能刺激自己的母性本能。但若要像養寵物般收留「弱勢小白臉」，先決條件必須是帥哥，如此一來在自己回家時，才會有服從自己的帥哥寵物前來迎接自己，讓自己充分享受當女王的感覺。

戀愛心理見聞

潛伏在婚活*裡的騙婚陷阱

婚活會場裡總是聚集了想找結婚對象的男女，騙婚男會利用女性的這種心理使出卑劣手段。簡單地說，騙婚男*都非常熟知「戀愛心理學」。

容易被騙的女性特徵有 禁不住權威的誘惑、 相信命運、 容易自我暗示。 是指容易受社會地位或家世、收入等條件誘惑， 是指會將「我一直在等待像妳這樣的女性出現」等甜言蜜語當真， 是指即使朋友指出「他絕對有問題」，也會自我暗示地說「他沒問題」。

騙婚男只要得到錢財就會立刻消失得無影無蹤，一定要特別小心。

＊**騙婚男** 二〇〇九年上映的電影《結婚詐欺師》裡的凱比歐大佐，是實際存在的人物，明明是北海道出身的正港日本人，卻詐稱是卡美哈美哈國王的末代子孫，反覆進行騙婚行為。

1

認為男人請客是應該的

「請我客」＝「對我有興趣」、「愛我」

女人心

有可能是純為習慣

日本自一九八六年施行男女雇用機會均等法＊以來，已超過四分之一世紀的時間，表面上男女的薪資差異已遭到禁止，有些女性的收入也比同年齡的男性來得高。

儘管如此，似乎仍有許多女性認為**「約會時由男性請客是應該的」**，為什麼她們會有這種想法？

首先是看穿男人別有居心，才故意採高姿態的情形，還有一種是純為習慣，並沒有其他意思。雖然薪資差異已遭到禁止，但由男人請客的習俗並沒有一夕之間跟著消失，既然女性依舊生活在這樣的環境裡，當然就不會對男性付錢一事抱持疑問，尤其若是有年長的男性在場，這種情形更明顯。

付錢成為衡量愛情的基準

也有一種情形是**隱藏了某些願望**。女性對愛情都會描繪各種夢想，例如「希望他能帶我去很棒的地方」、「希望他能對我說些浪漫的話」、「希望他能把我當成公主般的珍惜」等夢想＝願望，其中有一個願望是**「希望能被強壯的男人保護」**，而**付錢可說是這個願望的表徵**。

即使不認為「請我客是應該的」，但大多數的女性應該還是會覺得各付各的表示他對我的愛還不夠，唯有請我才表示「他非常喜歡我」。簡單地說，男性請客成為衡量他對女性愛情深淺的基準。

被請客的心理、請客的心理

在景氣持續不好的現代社會裡，即使約會再甜蜜，付錢時還是會變得很實際，在此就來探討看看男女對金錢的心理。

想被請客的女性心理

- 聰明的請客方式，讓他看起來更有男人味。
- 覺得被他珍惜。
- 若主動提議「下次讓我付錢喔」，就有下一個約會的機會。
- 若主動提議各付各的，好像在嫌他賺不多一樣，可能會傷到他男人的自尊心。

想請客的男性心理

- 為了虛榮。
- 想展現經濟能力。

想各自付錢的女性心理

- 被請客時會欠對方一個人情，所以不喜歡。

想各自付錢的男性心理

- 討厭男人就該請客的思想。
- 經濟負擔太大。
- 會覺得以後似乎都得請客，會有心理負擔。

女性被請客時的聰明應對法

- 絕不能認為「被請客是應該的」。被請五次就該回請一次，所以要適時對男性說「下次由我請客喔」。
- 如果每次都被請到高級餐廳去吃飯，就裝作不經意地說「下次我想去居酒屋看看」，提議比較便宜的店。
- 稍微回個禮，例如在遊樂園的回程途中，到自動販賣機買個飲料給他喝。

男性最好要敏銳察覺女性的這種微妙心理，之後再努力將彼此的關係提升到能對她說「今天還沒到發薪日，我身上錢不太夠，我們今天就各付各的」，那才是最理想的關係。

＊**男女雇用機會均等法** 全名為「雇用領域之男女均等機會暨待遇確保等相關法律」，於一九八六年施行，一九九七年全面改訂，二〇〇七年再度改訂，禁止「間接歧視」、禁止以懷孕及生產等理由強迫辭職或異動職務、職階等不正當的處置、加諸企業制定對女性及男性的性騷擾防制法之義務等。

女人心

2 很愛聊對方並不認識的朋友話題

即使是對方不認識的朋友也不在乎、幼稚到不懂得體貼對方

講話內容毫無章法的女性

有些女性在約會中會突然說「跟你說〇〇她啊」，聊起他根本不認識的朋友話題來，這種時候男性都會狐疑的想「她是誰？」、「我有見過她嗎？」，完全無法聽進女性所說的話，而就算此時男性想問「抱歉，她是誰啊？」，也會發現女性很熱衷在講朋友的事，根本無法插嘴提問。

最後發現自己根本不認識話題中的人，開始不悅的覺得「我幹嘛聽她講我不認識的人的事」、「這件事和我有什麼關係啊」，而就算自己要針對那個人提出意見或感想，也沒有任何意義……。

但**對她來說，不管他認不認識她的朋友，根本一點關係也沒有**，因為**女性的一大特徵，就是沒有任何說明或前提，只想說自己想說的話**，男性一定要理解這一點。

只要聽聽年輕女性們之間的對話就會明白，她們只是說出自己想說的話，並沒有將對方所說的話聽進去，或因此提出回答，但她們的交談照樣能成立，也不會因為「妳們都沒在聽我說話」而生氣，真是不可思議。

同為女性聚在一起聊天時，或許這種情形可以成立，但若是男女間的約會，又會是什麼情形？基本上這樣的女性，屬於**只懂得優先自己想說話的慾望，根本不懂得體貼對方**，是**精神面還很幼稚**的人，對男性來說，和這種女性交談很累人。

也有可能是在試探對方

也有一種女性是故意要聊對方不認識的朋友話題，目的是要讓對方知道「我有這麼多朋友」，試圖透過**展現自己交遊廣闊的一面，讓自己擁有優勢**，尤其若是女性說「跟你說○○他啊」，不斷提到男性朋友們的名字時，幾乎可以確定就是出自這種心理。

女性此時的目的是要讓男性感到不安，進而試探他，所以有可能在約會中不斷拿起手機來收發郵件，可以說是一種**小惡魔的技巧**。這麼說或許女性會不開心，但男性此時絕對不能動搖，否則就會中了小惡魔的計，應該表現出大男人的從容態度來。不過絕對不能為了展現「我也不賴」，就提起她不認識的女性朋友的名字，因為聽到自己不認識的女人的話題時，女性會覺得自尊心受損，進而降低對男性的評價。

戀愛心理見聞　愛講話的女性與扮演聽眾的男性反應

一般來說，女性比男性還愛講話，因為女性比男性更容易自我揭露（➡P68）。基本上女性並不排斥談論自己的家人、工作、興趣、煩惱等事，而且女性通常能透過聊這些事的方式，來抒發自己的壓力。

那麼被迫聽這些事的男性，又有什麼樣的反應？通常只會「哦」、「嗯」的附和一下。這種點頭附和的行為，屬於一種同步性*效應，除了表示贊同對方的想法外，同時也有允許、認可對方想法的意義，是一種「我有在聽妳說話」、「我對妳說的話很有興趣」的意思表現。

不過反過來說，如果他過度點頭附和或點頭附和的時間點不對，表示他對妳所說的話沒有興趣。

＊**同步性**　為表示贊同對方的想法，會在下意識裡採取和對方相同的言行舉止，又稱為「共時性」，當彼此共鳴愈大時愈容易出現。

3 其實只是希望引起對方共鳴

女人碎碎念只是想得到共鳴，不是想要建議

女人心

男女不搭調的對話

假設她對你哭訴「見不到你好苦喔」，你心裡也清楚最近的確都沒和她約會，但你是因為工作忙碌的關係，對你來說也是不得已的事。

這種時候男人通常會忍不住回答「我也沒辦法啊」，但這絕不是好的回應方式，只會讓她更不滿，說不定還會反擊「我朋友的男友，再忙也會找時間去見她，只有你……」，最後甚至說「你是不是不愛我了？」還直接提出分手。

男人就是愛給建議

男性與女性談話時，應該常常會很困擾「她到底要我怎麼做？我完全不明白」吧？其實原因只在於男女對對話的態度不同而已。

女性在交談時，多數時候只是想尋求共鳴*，所以經常會將寂寞、開心、高興、生氣等心情說出來，此時只要對方回應「原來是這樣啊」、「真是難為妳了」等話語，女性就會很滿足。簡單地說，**「女性是想得到共鳴的生物」**。

但**男性認為交談都有一定的目的**，為了從女性的談話中找出目的，會思考「她為什麼要講這件事」，並認為「她一定是希望我能幫她想一個解決對策」（⬇P80），因此只要有**想到解決對策就會提出建議，沒有想到解決對策就會回答「我現在沒時間想這件事」**。

＊**共鳴**　聽他人述說時，會覺得彷彿是自己親身經歷的事，能因此感受到當時的心情。通常女性的共鳴性比男性高，所以比男性更願意投入救援行動。

其實女性想得到共鳴的對象不只有男友，因為女性之間的對話幾乎都成立在共鳴上，此時若有人一副很了不起的樣子提出建議來，就有可能被認為是「不合群的人」，因此遭到排擠，這也是和女性來往時最難的地方。

回到一開頭的話題，此時男人該如何回應才好？考量到她想得到共鳴的心情，最好的回答是「抱歉讓妳這麼寂寞，我其實也很苦啊」，如此一來相信她就會覺得你瞭解她的心而感到滿足，態度也會軟化下來。至少只要如此回答，就能避免與她產生不必要的爭執。

戀愛心理見聞

過度共鳴而損害精神的「同情心疲乏」

人類都具有共鳴的能力，但如果過度共鳴就有可能損害精神，這種心理狀態稱為「同情心疲乏」。

二〇一一年發生的東日本大地震，帶給日本全國和全世界莫大的震撼，即使是離受災地很遠的人，或自己和親朋好友都僥倖逃過一劫的人，心情也都非常低落，尤其是原本就有憂鬱症、高血壓、失眠等疾病的人，有不少人的症狀都惡化了，主要原因就是不斷看到電視和報紙上的報導，造成同情心疲乏所致。

不是只有大災害才會引發同情心疲乏，在醫療相關的現場裡，也有人因為對病患過度移情作用而引發慢性疲勞，尤其是收容愈多末期病患的醫院，這種情形愈嚴重。所以有些醫療機構為了避免從業人員陷入同情心疲乏的情形，會特地為他們進行心理訓練。

女人心

4 會喜歡年紀有如父親般的男人

不論父愛是否足夠，都想追求父愛

雄性本能就是會受年輕異性吸引

近年來常聽到「**老少配**」一詞，指的是年齡差距幾乎可當親子的夫妻。

最常見的是男方年紀比較大，幾乎和女方的父親同齡，甚至更年長，就連演藝圈也有好幾位藝人娶了年紀幾乎可以當自己女兒的女性，還引起很大的話題。

大家應該都能認同，**男人會受年輕女性吸引**，至少沒有哪個男人會討厭年輕女性，因為年輕不僅代表美麗，也能讓男性感受到較高的生殖能力。男性會對這一點感到魅力，應該是出自動物的本能。

從年長男性身上尋求最愛的父親形象

至於女性則經常會有想**從男性身上尋求父性**的情形，尤其是沒有父親的女性，或父親很嚴格而不敢接近父親的女性，以及不記得曾被父親疼愛過的女性等，孩童時期在父愛上沒能得到滿足的人，往往會想從成熟男性身上得到彌補，也就是所謂的**爸寶**。

提到爸寶時，一般人會聯想到「超愛父親的女兒」，但其實爸寶原指**對父親擁有強烈依附與執著的戀父情結***（electra complex），所以也包含前述因為不被愛的關係，在失落感的反動下而出現。有些女性會不斷反覆外遇年長的男性，一般認為當中不乏有爸寶的情形。

不過話說回來，即使是爸寶也不代表只會和年長男性談戀愛，通常與父親關係良好的女性，因為是「超愛父親的女兒」，所以能從被愛的經驗裡，看穿哪個男性能像父親一樣愛自己，而且不論男性的年齡多寡。

基本上爸寶本身並沒有什麼問題，但如果會因此覺得戀愛談得不順利，恐怕就有必要好好面對過去不被滿足的情感。

與家人有關的情結

家人之間不論好壞，都會有強烈的依附與執著關係。究竟家人的關係裡，存在哪些情結？

戀母情結

非常依附母親，也因為想得到母親而排斥父親。源自希臘神話伊底帕斯的故事。

媽寶

成人後的男性不符合年齡的成長，依舊對母親維持強烈的依附關係，而且對這種關係沒有絲毫疑問或感到矛盾的狀態（➡P86）。

手足情結

指對異性手足抱持被壓抑的性感覺。這裡的手足來自沖繩方言「姊妹」一詞。

爸寶

女兒對父親抱持愛情、尊敬、依賴的心，會從情人身上追求這種父親形象。

該隱情結

手足間的糾葛與相剋關係，取自《舊約聖經》創世紀第四章的該隱與亞伯的故事。該隱因為忌妒弟弟亞伯而殺了他，結果被上帝放逐到伊甸園東邊去。

姊妹（兄弟）情結

對姊妹（兄弟）抱持強烈依附與執著的狀態，非正式的心理學用語。

＊**戀父情結** 女兒對父親抱持想獨占的感情，因此對母親採取敵對態度的狀態，是瑞士心理學家榮格取自希臘神話悲劇主角伊萊克特拉公主的名字。邁錫尼國王阿伽門農被妻子殺害，公主伊萊克特拉為了替心愛的父親報仇，和弟弟聯手殺了母親的希臘神話。

5

很享受姊弟戀

被年輕與力量吸引的女性、被經驗與包容力吸引的男性

女人心

趨向重視人品與適性

以夫妻的年齡差距來看，最常見的情形是男性年紀大、女性年紀小的組合，美國心理學家巴斯與史密特於一九三三年所進行的實驗結果也顯示，男性比較喜歡年紀比自己小的女性，女性也喜歡年紀比自己大的男性。

但從左圖可以清楚看出，女性較年長的夫妻組合有年年增加的趨勢，今日**與比自己小十歲以上的男性交往的女性已經不罕見**。

會有這種結果的理由之一是結婚的方式已經產生變化。在第二次世界大戰之前，人們基本上都是相親*結婚，而最受歡迎的組合是男性比女性大二、三歲，因此常見這樣的夫妻。

但自從自由戀愛結婚成為主流後，**女性開始重視人品與適性勝過年齡多寡**，加上女性在社會上的地位逐漸抬頭，有愈來愈多女性和男性一樣充分在事業上發揮長才，因此逐漸**掌握優勢並引導比自己年輕的男性**。

建立良好伴侶關係的女性

這樣的女性比年輕男性還有經驗，知識也比較豐富，而且不會像男性一樣表現出強勢的一面來，懂得**巧妙操控年輕男性的自尊心，與對方建立起良好的伴侶關係**。

對女性來說，年輕男性擁有年輕與力量，加上現

＊**相親**　日本社會原本很重視家族與家族之間的關係，所以習慣透過媒人介紹對象相親、結婚，據說在第二次世界大戰之前，約有七成是相親結婚。

在二十多歲的年輕人，從小就被灌輸男女平等的觀念，所以和歌頌單身生活又有經濟能力的三十多歲女性的適性當然好，而這樣的女性也會說「我不在乎年齡的差異，只是適性好的對象正好比我年輕而已」。

至於對年輕男性來說，或許覺得比起幼稚的同年代女性來，**擁有經驗和包容力的女性更能吸引他**，在這種供需一致的情況下，造就了年長女性和年輕男性的組合。

愈來愈多的姊弟戀

隨著女性社會地位的提高，有愈來愈多夫妻是女大於男，從一九八〇年與二〇一〇年的數據來看，整整增加了二倍以上。

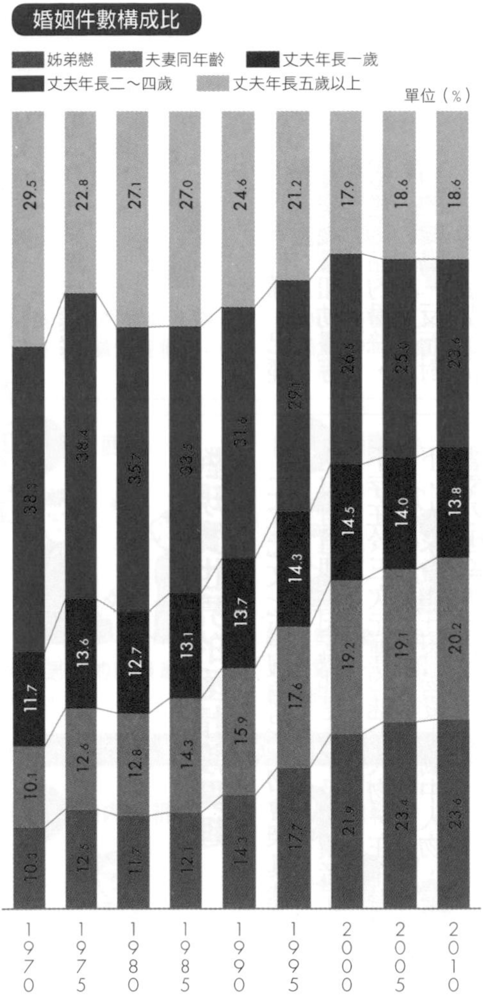
婚姻件數構成比
姊弟戀
夫妻同年齡
丈夫年長一歲
丈夫年長二～四歲
丈夫年長五歲以上
單位（%）
1970
1975
1980
1985
1990
1995
2000
2005
2010

摘自厚生勞動省 人口動態統計

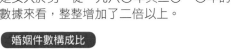

女人心

7 每次都不說自己的意見

就怕自我主張後會討人厭

只想著如何配合他的期望

有些女性約會時若問她「妳想去哪裡？」，她總是回答「哪裡都可以」，問她「想吃什麼？」時，她照樣回答「什麼都可以，你決定就好」，**完全不表達自己的意見**。

站在他的立場來說，這種什麼意見也不說的女性，或許很讓人不耐煩。為什麼女性們不表達自己的意見？

主要原因應該是她們**下意識裡很害怕自我主張後，意見會和對方不同**，屆時很有可能因此吵架，甚至被對方討厭，所以才不表達自己的意見。

古時候的人提倡「**三從***」，主張女性應該聽從男性，儘管時代已經變了，聽從父母話的文靜女孩，直到今日仍被視為「教得很好的女孩」，社會上對她的評價也比較高。

所以許多在意社會眼光的父母，仍會要求女兒要柔順，更會將「小孩應該有耳無嘴」、「不可以任性」等話掛在嘴邊。**在這種被壓抑發言的情況下長大的女性，容易缺乏自主性和自立性，也很難有自己的想法**。

此外也有因為被霸凌的緣故，在人際關係上出現問題，因此留下心理創傷而不敢自我主張的情形。由於害怕會被人討厭，於是只想著如何配合他人的期望行動，在這種情況下，**恐怕很難取得健全的溝通**。

＊三從　指女性在家要聽從父親之言，婚後要聽從丈夫之言，丈夫死後要聽從兒子之言的思想。記載於江戶時代本草學者貝原益軒的《和俗童子訓》。

自我主張需要練習

儘管這樣的女性深信自我主張＝任性，但其實**自我主張和任性完全不同**，若發現自己有這種思想，一定要趁早好好練習如何自我主張。

至於男性若正在和這樣的女性交往，只要你真的喜歡她，就不要劈頭罵她「妳有點自己的主見好嗎？」，應該改問她「今天要不要吃○○或△△？」，從容易回答的問題開始，幫助她慢慢習慣提出自己的主張。

自我主張與任性的差別

自我主張和任性看似很像，其實完全不同，以下是兩者的具體差異。

自我主張	任性
●提出自己的意見或期望，讓對方明白自己的想法。 ●也能接受對方所說的理由。	●提出自己的意見或期望，並強迫對方接受。 ●常常因此造成他人的困擾，甚至傷害他人。

例如約會時打算去吃飯

妳想吃什麼？
我想吃義大利菜。
CLOSE
今天那家餐廳公休喔。
咦？我不管，我就是要吃那家餐廳啦！

女人心

8 就是想知道他的一舉一動

女人喜歡共享資訊、男人厭惡被侵犯隱私

凡事都想說、想知道的女人

「今天有發生什麼事嗎？」「沒有啊，還不是和平常一樣。」「你中午吃了什麼？」「我不太記得了。」「我和○○一起去△△餐廳吃了義大利麵呢。」「哦。」「你今天是幾點下班的？」「……。」大家是否也有過這樣的對話內容？這是男女想法落差所造成的常見例子。

女性很喜歡將當天發生的所有事情告訴自己喜歡的人，同時也很想知道他的一舉一動，但對男性來說，如果日常生活被逐一詢問或報告，即使是自己喜歡的人，也會覺得很煩。男女的這種想法落差，到底從何而來？

地盤意識很強的男人與很弱的女人

其實這和**地盤**＊**意識**（**領域**⬇P66）有很深的關係。一般來說，雄性生物的地盤意識比雌性強烈許多，人類的男性也不例外，**會在潛意識裡追求精神上的地盤，也就是只屬於自己的時間和場所**，因此就算是自己的情人，也不希望被對方踏入這個地盤裡。

另一方面，**地盤意識薄弱的女性，喜歡與人共享所有資訊**，才會很想知道當天發生的所有事。

這種情形不只會出現在男女之間，因為女性在面對自己的母親和姊妹、好朋友時，更是會將各種大小事拿出來分享，就連她與男友之間的事，也會

＊**地盤**　取得地盤的行為稱為搶地盤，除了黑道會搶地盤外，地區之間、組織之間、專門領域之間，也會有主張自己領域存在的搶地盤行為。

毫無保留地講出來。站在男友的立場來看，會覺得「這應該是只屬於二人之間的祕密」，卻被她周遭的人掌握得一清二楚。

這對男人來說是很難忍受的事，會覺得被她綁得死死的，在這種情況下，男人遲早會喘不過氣來。

身為女性的妳，如果發現自己有這種情形，最好從今天開始，提醒自己別再想掌握男友日常生活的一舉一動。若想讓這段愛情長長久久，就一定要告誡自己，男友和妳一樣都是個獨立的人。

地盤＝個人空間

只要是人都會有不希望被他人踏入、只屬於自己的空間的地盤意識（又稱為可攜式領域），這個空間就稱為個人空間（➡P66）。

個人空間的範圍

在室內交談時，約為伸直雙手的距離，屬於既碰觸不到對方，也不會被對方碰觸到的安全距離。

一旦擁有權力，就會開始擴張自己的個人空間，尤其是位階愈高時，面對下屬愈會擴張自己的空間。

能彼此碰觸到對方的距離，有助彼此輕聲交談，所以通常只開放給比較親密的人，尤其是情侶，距離會拉近到可以肌膚相親的程度。

女人心

9 決定結婚時反而開始猶豫

對經營家庭產生不安與恐懼的婚前憂鬱症

對首次經驗滿是不安

決定要結婚後突然變得憂鬱，甚至毫無來由地落淚……。這就是所謂**婚前憂鬱症***（➡P106）。對一直努力在進行婚活，仍始終找不到結婚對象的人來說，恐怕會認為這樣的人「真是有夠任性」吧，但站在當事者的立場來看，並非因為任性才陷入這種憂鬱的心理狀態。

對初婚的人來說，婚姻生活當然是首次的經驗，而**不論哪種首次經驗，即使是令人開心的事，多少也會伴隨不安**。

以首次出國旅遊為例來說，除了充滿期待外，心情上一定也會「很緊張」、「有點害怕」吧，更何況結婚不同於旅遊，會給今後的人生帶來無比重大的影響。

如果是原本和父母同住的人，婚後就得自己做家事，也得努力和附近鄰居交好，一旦有了小孩，更是得努力養育小孩，而且單身時期賺的錢都能花在自己身上，有了家庭後當然就無法隨心所欲。儘管腦裡能理解這種變化，卻無法具體想像，只能**茫然抱持恐懼的狀態**，這就是婚前憂鬱症。

以肯定的態度看待變化

「結婚後就會失去自由」，**一旦對結婚抱持這種負面感覺，只會加深不安與恐懼**，在這種狀態下，很容易將對方的缺點放大，產生「真的要和這個人

＊**婚前憂鬱症**　對未知的婚姻生活會有什麼變化感到害怕時，也會引發婚前憂鬱症，所以不論求婚的人還是被求婚的人，都必須要有覺悟（承諾）。

結婚嗎？」的疑問，也很容易因為芝麻小事大吵起來，最後更有可能因此解除婚約。

沒有任何特效藥能幫忙克服這種婚前憂鬱症，只能設法以肯定的態度來看待變化。

不妨再度確認自己對婚姻生活的夢想與目標，**唯有堅定地認為「往後一定會發生很多事，但我會和他一起努力走下去」，才是解除不安的最佳方式。**

任何人都有可能得到婚前憂鬱症

決定要結婚後，會覺得鬆了一口氣，而且也很開心，但隨著準備工作的進展，女性會逐漸產生複雜的心情。

1 被他求婚

「太棒了！」、「他終於想娶我了」滿是喜悅的心情。

↓

2 開始準備婚禮

開始準備喜帖後，突然產生不安與猶豫等憂鬱情緒。

↓

3 挑選禮服

去試穿婚紗禮服，心情再度雀躍起來。

↓

4 開始各種準備工作

開始安排婚禮時對方出席的家人與座位表等各種準備工作後，又再度出現憂鬱情緒。

↓

5 婚禮前

滿腦子都在想婚禮的事，憂鬱的情緒完全飛走了。

10

會因芝麻小事變討厭

因「認知扭曲」而無法彈性思考，因此容易做出極端的結論

女人心

凡事都想分出黑白的危險思想

「他居然優先赴他母親的約，而不是以我為優先，看來他重視他母親勝過我，這種人絕對是媽寶，我不可能嫁給他的。」

有些女性會因為小小的誤解，突然討厭起情人來，即使對方不斷解釋「這件事是有前因後果的……」，**也絕不更改已經做出的決定**。明明二人是相愛的，為什麼會發生這種事？

這種情形可以用**「認知扭曲*」**來說明。世上的事很少能用黑或白、零或一百來明確區分，幾乎都是介於中間，但**只要有認知扭曲的情形**，**就無法朝向中間的方向思考**，所以儘管前例的事實可能是因為母親的身體狀況不好，或是早就與母親先約好，女友也無法考量進去。

這種**無法彈性思考、只會做出極端結論的情形**，**稱為「全有全無的思考」或「黑白分明的思考」**，**常見於女性身上**。

以前例來說，女友的發言裡還提到「絕對是○○」，這種結論充滿情緒性，只要男友優先考量母親，哪怕只有一次，她也會認為男友就是個「媽寶」。

簡單地說，她已經出現認知扭曲的情形。認知扭曲除了原本就擁有這類思考傾向外，也有可能是過度承受壓力所引起。若有出現左頁的情形，表示你的心理或許有些疲憊了。

＊**認知扭曲**　也就是幻想性的認知，對事物的看法非常極端，常見於憂鬱症病人。若失敗一次或二次，就認定下次絕對也會失敗，則稱為「過度類化」。

「認知扭曲」的類型

通常會交雜出現下列十種類型的其中幾種。

類型 1 黑白分明的思考

只懂得以「不是黑就是白」的極端方式來思考事物。

例 在做簡報時，只有剛開始的開場白失敗，卻一直認為「整場簡報都失敗了」。

類型 2 過度類化

只失敗一次或二次，就認定「下次絕對也會失敗」。

例 沮喪的認為「我每次做簡報都失敗，我是不是不適合這個工作？」。

類型 3 心智過濾

即使是小小的缺點，也會非常在意。

例 即使聽取簡報的人反應很熱烈，仍只在意開場白的失敗。

類型 4 負面思考

明明沒什麼大不了的事，甚至根本是好事，也會想成是不好的事。

例 認為「A先生會對我說『這個企劃案很有意思』，純粹是為了安慰我的失敗」。

類型 5 驟下結論

毫無根據卻做出悲觀的結論。

例 認為「開場白失敗了，這下一定拿不到訂單」。

類型 6 誇大與貶低

把自己的缺點和失敗看得很嚴重，卻貶低自己的優點和成功。

例 認為「沒辦法順利完成開場白，對工作是一大阻礙，就算我有企劃能力，也沒有多大作用」。

類型 7 情緒推理

依當時的心情來判斷事物。

例 悲觀地認為「失敗的我是個沒用的人，主管對我的評價一定會很低，這個工作恐怕我沒辦法繼續做下去了」。

類型 8 「應該」思考

凡事都認為「應該這麼做」或「不應該這麼做」。

例 認為「要完成具有說服力的簡報，應該準備得非常周到」。

類型 9 貼標籤

會給自己貼上負面標籤。

例 認為「我是個連開場白都說不好的人，沒有資格被託付重責大任」。

類型 10 個人化

即使責任不在自己身上，也會認為是自己造成的。

例 認為「主管會生病，都是因為我這個下屬太不爭氣了」。

11

擅長身體接觸

被碰觸身體而心裡小鹿亂撞，更因此產生戀愛的錯覺

女人心

身體接觸戰略的效果絕佳

有些女性會不斷找機會碰觸男性的身體，例如在職場上要將咖啡端給男性時，會邊說「辛苦了」邊碰觸男性的肩膀，或在捧腹大笑時拍打男性的背，儘管裝作不經意，但已足以引起對方的注意。

這種情形稱為**「身體接觸戰略*」**，**是非常有效的戀愛技巧**。經常碰觸對方身體的女性，應該是在下意識裡學會這項技巧。

通常一般人除了自己的情人外，不太可能會去碰觸別人的身體，所以只要被人碰觸到身體都會很緊張，內心會撲通撲通跳，而**人的大腦很容易誤將這種心跳認為是戀愛時的雀躍**。換句話說，身體接觸等於是半強迫性地製造出談戀愛的感覺來。

這種心跳最有意思的地方，在於不論對方是異性還是同性都有可能發生，所以有些人應該都經驗過，即使是同性互相去碰到手時，也會突然有一種心跳的感覺。

身體接觸的程度很重要

那麼是否只要盡量碰觸自己意中人的身體就好？答案其實很微妙，因為若能讓對方有「雀躍」的感覺，當然是最好的，但若實際上突然去碰觸對方身體時，只讓對方感到「嚇一跳」就沒有意義，說不定反而會讓對方閃得遠遠的，而且若經常碰觸對方身體，也有可能反被認為是個輕浮的女人。

＊**身體接觸** 就是觸摸對方的身體。初次見面時，觸摸對方的身體通常能有效產生親切感，所以藝人會舉辦握手會，就是為了這個目的。

在還不習慣身體接觸的方法之前，非常建議先從同性的友人開始嘗試，之後若能以相同的感覺順利碰觸自己意中人的身體就行了。實際上觀察很懂得如何碰觸別人身體的人時會發現，不論對同性還是對異性，態度都一樣。

面對自己意中人時，理所當然會產生「想碰他」的感覺，只要設法裝作不經意地表現出這種感覺來就行了。

碰觸方式不同會有不同的效果

身體接觸雖然是有效的戀愛技巧之一，但使用方法若不得宜，也有可能反而嚇跑對方，一定要掌握清楚有效的碰觸方式。

OK

- **談得很熱絡時不經意地碰觸他。**
- **也要碰觸同性。**
- **若是異性，則只碰觸自己喜歡的對象。**

若連其他異性也碰觸的話，很容易被誤認為「很習慣和男人相處的女人」。若不敢碰觸對方的身體，不妨從握手開始。

NG

- 談得並不熱絡卻突然伸手過來。
- 連大腿等較私密的地方也碰。
- 經常碰觸。
- 不論是誰都碰。

12

既做作又很會撒嬌

能滿足男人自尊心的可愛存在

女人心

男人明知是演的也照樣開心

「做作女最受男人歡迎」，這麼說或許會引來所有女性朋友的反感，男性可能也會反駁「我才不喜歡做作女」，所以稍微修改一下說法好了，「一般來說，男人喜歡女人對他撒嬌」。在男人間很有人氣的**做作女，就是很善於實踐男人最愛的「撒嬌」**。

我們都會要求男孩子「你是男生，不可以哭」，但對女孩子就不會這麼說，所以男人從小就被教育必須堅強，即使今日有愈來愈多的草食男（➡P158），但就社會一般的看法來說，堅強仍是男人的價值之一。

此時若看似柔弱的女性撒嬌地說「拜託你」時，男人會如何？當然會覺得自己的堅強受到肯定，忍不住開心起來。

簡單地說，**做作女對男人而言是可以滿足自尊心的可愛存在**，即使一看就知道那是她的演技，對男人來說也不是問題，因為男性的腦對視覺刺激非常敏感，明知那是演的，還是會忍不住覺得她「卡哇伊」。

自尊需求與印象管理

做作女的做作行為其實也算是一種**自尊需求***的表現，因為做作的行為只要被男性誇獎「卡哇伊」，做作女就能因此提高自己的自尊心。換句話說，能滿足她的自尊需求。

***自尊需求** 受他人誇獎時，能提高自我評價與自尊心，是一種想提高自己評價的需求。

此外，從做作的行為也是一種向自己喜歡的男性宣傳自己的手段來看，這種行為也可以說是**印象管理***（➡P143）。印象管理就是**配合對方的喜好來塑造自己形象的心理**。

簡單地說，為了得到他而刻意裝得楚楚可憐、純真、柔弱，藉以進行印象管理。做作女就是為了引起對方注意，才**戰略性的採取做作行為**。

不過另一方面，也有一些女性是除了扮演做作女之外，根本不懂得如何與男性相處，例如幼小時期體驗過對父親撒嬌時，看到父親非常開心的樣子，於是養成了「對男人就是要撒嬌」的行為模式，這樣的女性就沒有自覺自己是一個做作女。

戀愛心理見聞

做作女的人生劇本與人格面具

做作女當中，有些人是從小就在被誇獎「妳好乖、妳好乖」的環境下長大，於是逐漸認定自己在人們面前必須是乖小孩才行，更因此為達目的而不擇手段，但其實對她來說，她根本沒有自覺自己是一個做作女。

加拿大精神科醫師艾瑞克・伯恩（Eric Berne）提倡「人都是從小就寫好了自己人生的劇本，之後的人生都是依照這個劇本在走」，稱為「人生劇本」，而做作女的人生同樣有她的一套劇本，並且按照劇本在演戲。

不過演戲時需要人格面具，就像瑞士心理學家榮格將存在自己外在的一面稱為「人格面具」般，做作女為了見到心愛的他，會戴上人格面具持續扮演做作女的角色。但比較令人好奇的是，她有辦法一輩子戴著人格面具活下去嗎？

＊**印象管理**　為留給他人好印象或某種特定印象而操控自己的情形，美國總統大選時所進行的形象打造，就是一種印象管理。報導性等節目同樣會巧妙操作印象管理。

13

壁壘堅固無法攻破

不想被認為是自尊心很強、自我評價很低、輕浮女

女人心

自尊心高的女人與自尊心低的女人

有時會聽到男性說「我想找那個女孩子約會，可是她壁壘堅固，遲遲不肯點頭答應」。其實「壁壘堅固」有許多原因，原因不同就要有不同的攻破法。

以女性**學歷高**、**自尊心也高的情形為例**來說，由於她對自己很有自信，所以**對戀愛對象的條件要求自然會比較高**，如果對方程度比自己低，就會認為對方「配不上我」。如果你想和這樣的女性交往，一定要先設法引起她的興趣，最具體的方式就是升官或考取證照等，只要能讓她覺得「這個人或許有一套」就成功一半了。

相反地，也有一種女性因為**自我評價過低**而壁壘堅固，例如過去若曾受過霸凌等極端貶低自我評價的遭遇，此時就會認為「像我這種女人」而無法坦率接受男性的邀約。

若是面對這樣的女性，就要**極力誇獎她的優點**，**設法讓她產生自我肯定感**。其實只要是人，一定都有**自尊需求**（➡P135），只要自尊心能得到滿足，就會認為對方「願意認同自己」，因此對對方產生好感。

所以儘管剛開始她的心如鋼鐵般堅固，只要**繼續誇獎她**，**她就會對你敞開心房**，**最後逐漸產生戀愛情感**，這種情形稱為**「自尊理論*」**。

＊**自尊理論**　自尊心愈低時，愈能對認同自己的人產生好感的情形。只要對對自己有意的人產生好感時，就會出現「好感的回饋性」（ P60）效果。

「不想被認為是輕浮女」

愈是認真又很有常識的女性，愈「不想被認為是輕浮女」，因此產生猶豫，但基本上這樣的女性，其實對男性的邀約同樣很有興趣，不妨設定「下班後一小時就好」，從氣氛輕鬆的約會開始。

此外，女性也有可能是因為熱衷在某個嗜好活動裡，才對男性的邀約表現得興趣缺缺，這種時候不妨設法以她的嗜好為話題，試著約她出來看看。

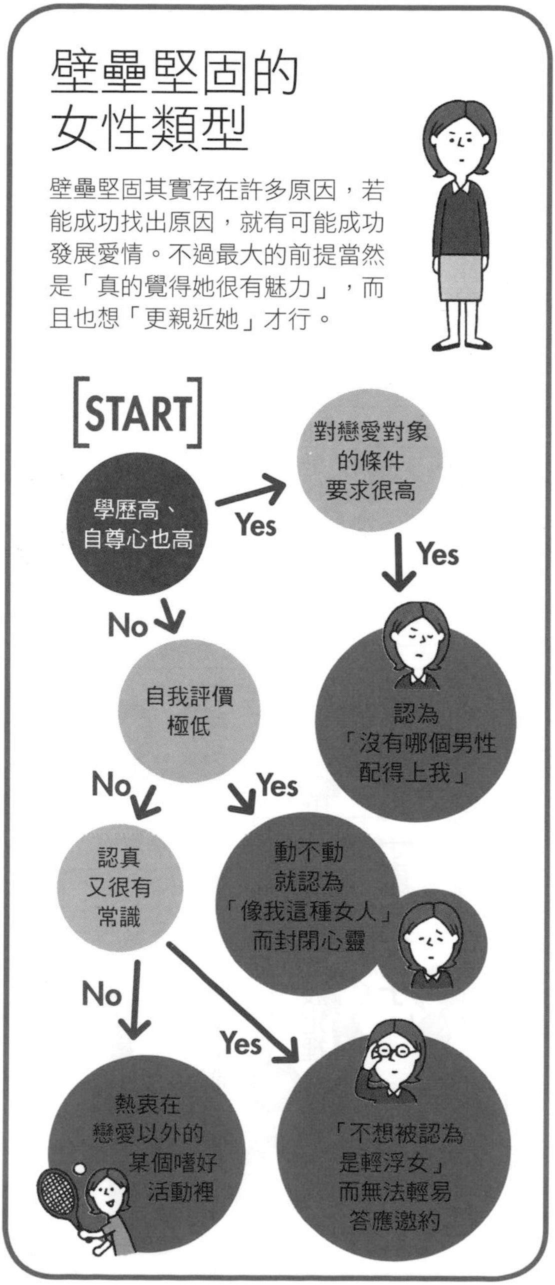
壁壘堅固的女性類型
壁壘堅固其實存在許多原因，若能成功找出原因，就有可能成功發展愛情。不過最大的前提當然是「真的覺得她很有魅力」，而且也想「更親近她」才行。
[START]
學歷高、自尊心也高
Yes
對戀愛對象的條件要求很高
Yes
認為「沒有哪個男性配得上我」
No
自我評價極低
Yes
動不動就認為「像我這種女人」而封閉心靈
No
認真又很有常識
Yes
「不想被認為是輕浮女」而無法輕易答應邀約
No
熱衷在戀愛以外的某個嗜好活動裡

15

男友沒有隨時在旁就覺得不安

因缺乏自戀而變成戀愛依存體質

女人心

若想實際感受自己的價值

大家周遭有沒有這樣的女性朋友？不久前才因為和男友分手哭得死去活來，沒多久馬上又交了新男友。

就同性的立場來說，或許有些人會很羨慕她「這麼搶手」，但實際情形不見得真是如此，因為這樣的女性，很多都只是想先交個男友再說而已。

對這樣的女性來說，**維持「有男友」的狀態是非常重要的**，所以往往會配合男友而不去上課或上班，甚至與朋友的約也會毀約。

有些人稱這種人具有「戀愛體質」，但其實應該稱為**「戀愛依存體質」**比較符合實際狀況，甚至可以說**是一種依附人際關係的共依附**＊（⬇P148）。簡單地說，就是**只要沒有男友就無法實際感受自己的價值，才會意氣用事的想立刻交到男友**。

這種類型的女性有一個共通點，就是**自戀**（⬇P156）**很低**，因為無法認同自己的價值，才會依附在名為「男友」的對象上。此外，由於害怕被他拋棄，所以容易變得過度忌妒或過度干涉，往往因此造成戀愛關係的崩壞。

許多時候這樣的女性都是在缺乏父母的關愛下長大，也有人是在有家暴或成癮症、忽視等**「失能家庭＊」**裡長大。

如何改善戀愛依存體質？

＊**共依附**　受縛於和某特定人之間的人際關係的狀態，常見於「離不開小孩的父母和離不開父母的小孩」，以及「施暴的丈夫和忍耐的妻子」等人身上。

依存體質其實並不容易治好，要有效解決這個問題，接受心理諮詢是最快的捷徑，若無法辦到，就設法**努力提高自戀**。

例如先設定一個目標，並朝著目標努力，設法累積成功體驗。此時的目標設定，應以容易達成、容易感受到成果的內容為主，之後再**「誇獎努力的自己」**。只要能讓自己覺得「我其實也很行」，就能找到脫離過度依附狀態的契機。

在失能家庭下長大的孩子特徵

在失能家庭（無法發揮原有功能的家庭）下長大的孩子，因為在需要關愛滋潤的時期裡沒能得到關愛滋潤，因此很難和他人建立起自然的人際關係。

- 自戀不足。
- 缺乏肯定的自我形象。

- 容易在人際關係上產生糾紛。

- 無法相信他人。

- 容易變得孤僻。

- 無法對他人的痛苦產生共鳴。

- 容易受憤怒和絕望支配。

＊**失能家庭** 有家庭內對立、不法行為、身體上或性方面或心理上的虐待、忽視（放棄育兒）等情形的家庭，指家庭崩壞的狀態。

16 只想成為他愛的那種女人

為讓他喜歡而配合他的喜好塑造自己的形象

女人心

換男友後連打扮也跟著改變

當她聽到小道消息說意中人的他曾說「我比較喜歡短髮的女性」時，隔天立刻剪掉長髮，並出現在他面前，讓他儘管感到驚訝，還是開始對她產生興趣——這是電視上曾播映過的廣告，同樣的情形，原本打扮方式都走千金小姐路線的女性朋友，開始愛上休閒式的打扮方式時，讓人覺得很納悶，一問才知是因為換了男友。

女性這種會配合意中人喜好的心理，早已透過實驗得到證明。

美國普林斯頓大學針對實驗對象的女學生們，先確認是以事業為志向，還是以家庭為志向，之後告訴女學生們「這是有關第一印象的實驗」，並給她們一名男性的個人簡介，上面寫著「二十一歲，身高一百八十三公分，同為普林斯頓大學的三年級學生，興趣是開車兜風和運動，目前正在徵求女友，理想的女性是態度溫和、有家庭觀念，在公眾場合懂得維護丈夫尊嚴的人」。

接著要求女學生們「因為要將妳們的資料拿給這名男性看，所以請妳們填寫問卷」。問卷上還刻意在女學生們看不出來的情形下，悄悄做了「以事業為志向或以家庭為志向」的記號。

後來分析女學生們的問卷後發現，許多一開始回答自己是「以事業為志向」的女學生，後來都變成「以家庭為志向」。

想成為他愛的那種女人

想被他喜歡絕對是很自然的反應，但如果過度勉強自己，事後很容易發生問題，一定要多留意。

1
我比較喜歡顧家的女性，
尤其是很會做菜的女性，
我絕對會非常迷戀。
2
我最喜歡做菜了。
找個時間約會吧？
成功了！
3
其實只是把百貨公司美食街買來的菜裝進便當盒裡而已……
好好吃！果然很會做菜。
4
完了，這下要怎麼辦？
下次去我家吧？我媽媽也很喜歡做菜，妳們一定能聊得來。

簡單地說，這個實驗結果告訴我們，**為了讓自己覺得還不錯的男性能對自己產生好感，女學生們在潛意識裡配合了他的喜好**。這種配合對方喜好來改變自己形象的心理，稱為**印象管理**＊（➡P135）。

但在這種情形下，即使剛開始的交往，彼此能順利發展，最後也會因為其實很想在事業上一展長才，卻得配合他扮演顧家的女性，導致愈來愈疲憊，最後瓦解。可見**印象管理應在不勉強的範圍內為之才行**。

＊**印象管理**　這裡的管理意指操控，但不同於操控機器，因為是操控人的關係，容易給人負面的感覺。實際上印象管理的確包含了好的印象管理和壞的印象管理。

17 會有「生理上無法接受」的理由

只要在本能與情緒思考下認為「沒辦法」，就會堅持己見，不聽勸說

女人心

男性用理性思考、女性用子宮思考

聽到女性友人說「A好像很喜歡妳」時，有些女性會立刻回答「我對A是生理上無法接受」。這種所謂的**「生理上無法接受」**經常出自女性嘴裡，這到底是怎麼回事？為什麼男性幾乎不會說這種話？

生理現象是指「伴隨生命活動所出現的身體現象」（《廣辭苑》），其中的**「生理」還含有女性月經*的意思**，但男性並沒有月經。此外日文還有一句話叫「女性是用子宮思考」，意思是指**「男性是以理性來思考事物，女性卻是以本能和情緒來思考事物」**。

女性還擁有生育小孩的能力，而且只要生下小孩，就會自然而然地分泌乳汁來哺育小孩。簡單地說，女性都是靠本能生子、保護小孩、養育小孩，但男性並不具備這種能力。

或許從男女這種身體構造上的差異（腦部的運作方式也不同➡P46）來看，就能明白女性為什麼能毫不猶豫地說出「生理上無法接受」的話了。

以感覺舒不舒服為判斷基準

實際上在判斷一名男性能否成為自己的男友時，「只要想到要和這個人親吻就覺得噁心」、「我沒辦法和這個人上床」、「我不敢想像生下這個人的小孩」等，都是判斷的基準之一，所以**對自己來說感覺舒不舒服非常重要**。

蒙的分泌會愈趨順暢，讓女性進入工作、談戀愛、結婚、懷孕、育兒等時期。進入更年期後，女性荷爾蒙會開始減少分泌，迎接更年期障礙、停經的到來。

能帶給自己感覺舒服的人就是適合的人，會讓自己感覺不舒服的人就是不適合的人，女性就是如此判斷進而採取行動。

雖然男性也有這種傾向，但女性絕對比男性更明顯，**會認定感覺舒服＝善、感覺不舒服＝惡，並以這種情緒為優先**（➡P130）。雖然女性在日常生活裡有能力察覺周遭的狀況，平衡感也絕佳，但同時也擁有只要出現「生理上無法接受」的心理，就會頑固地不改己見。

「生理上無法接受」的男人類型

男性有哪些地方會讓女性覺得「生理上無法接受」會因女性而定，在此介紹幾個常見的類型。

1 看起來很邋遢

身上的衣服永遠老舊變形，甚至還有汗臭味。

2 異常流汗

隨時都滿身大汗，讓女性無法想像和這種人上床。

3 臉部肌肉鬆弛

牙齒排列很不整齊、笑起來時所露出的牙齦讓人看了不舒服等等。

4 吃相很難看

喝湯時發出聲音、筷子的拿法很奇怪。

5 舉止怪異

總是顯得唯唯諾諾，就連笑起來時也顯得很卑躬屈膝。

6 一喝醉就亂摸

平常看起來很斯文，一喝醉就開始亂摸，甚至一直要抱過來。

＊**月經**　幼年期的卵巢裡，已經製造出數百萬個成為未來卵子的原始卵泡，之後進入青春期，就會開始分泌女性荷爾蒙，正式揭開月經的序幕，並因此具備懷孕、生產的能力。到了性成熟期時，女性荷爾

18 總是喜歡無用男

獨立的她從他的依附來確認自己的存在價值

女人心

很不可思議「為什麼是他？」

明明長得很漂亮也很聰明，個性也不錯，照說男人可以隨她挑，但不知為何她就是喜歡和**「無用男」**交往。

不是沒有工作整天遊手好閒，就是一年換二十四個老闆，而且很揮霍，像個小白臉（➡P108）似的靠女性供養的軟弱男——就是所謂的「無用男」。

明明周遭人都認定他是個無用男，唯獨她就是沒有察覺到，或雖然有察覺到，卻說「這就是他的優點」。令人不可思議的是，這樣的女性即使和這種無用男分手，還是會繼續和下一個無用男交往，難道說這是她的生性使然？

獨立與依附的適性非常搭

就心理學來說，**獨立與依附具有很好的平衡作用，因為獨立的人和依附的人在一起時，能確認自己的存在價值，讓自己覺得很舒服**，因此看到他有困難時，會認為「我能幫助他」而忍不住伸出援手，只要他說「多虧有妳的幫忙我才能得救」或「我沒有妳不行」，她就會信以為真地認定「他需要我」。簡單地說，此時她與他的需求完全一致。

大多數這樣的她都是從小就經常幫忙照顧弟弟、妹妹，甚至擔任班長等職，所以**「照顧他人」成為她的自我認同**＊。換句話說，給予他人協助成為她的生存意義。

＊**自我認同**　心理學上的自我認同是針對自己到底是什麼人、應該怎麼做，內心裡所擁有的一種概念，由德裔心理學家艾利克・艾利克森（Erik Homburger Erikson）所定義。

也有可能是出於對軟弱的憧憬

由於這種優秀的女性很容易受周遭人的仰慕，所以很難對他人說出喪氣話，會認為「我要是說這種話就不是我」，因此**壓抑自己軟弱的一面**，此時若出現一個將自己的軟弱表露無遺，活得自由自在的無用男，她就有可能對他的生活方式抱持近似憧憬的感情。

沉迷於無用男的心理

看在他人眼裡可能會充滿疑惑，不明白「為什麼要和那種人在一起？」，但這樣的男女都有自己的理由，才會和對方交往。

又漂亮又聰明的獨立女
照顧他人成為她的自我認同。
此時出現依附型的軟弱男
被女人照顧才得以過優裕的生活。
照顧男人來確認自己的存在價值。
彼此的需求得到滿足

19

就算是DV男也不分手

將「我沒有妳不行」誤認為是「只有我才能讓他重新振作起來」

女人心

持續攀升的DV件數

日本自從二〇〇一年施行DV**防治法***以來，已經過了十幾年，對DV（家暴）也有一定的處理經驗，但警方所接到的受害件數卻不斷增加，二〇一一年度的DV受虐件數更創下歷史紀錄，約為二〇〇一年度的十倍。

DV是指夫妻或情侶之間所發生的暴力情形，除了身體上的暴力行為外，還包含怒罵、忽視等心理暴力，以及強迫發生性行為的性暴力、不給生活費等的經濟暴力。

DV的特徵就是施暴者在事後會展現些微的「體貼」，例如**「都是我不好」**、**「我不會再犯了」**、**「我沒有妳不行」等，藉由謝罪的話語來乞求原諒**，但實際上這不過是想綁住被施暴者的演技罷了，偏偏**被施暴者會認為「他都已經反省了，最重要的是他還是愛我的」，結果又回到原來的關係**，甚至認為「能幫助他重新站起來的人只有我」。當這種情形不斷反覆發生後，就會逐漸陷入**共依附**（➡P140）的關係裡。

支持他＝自己的存在意義

共依附是指想從自己與他人的關係中找到自己的存在意義，再依附於自己與該特定對象的這種關係。

例如離不開小孩的父母和離不開父母的小孩，

＊**DV防治法**　「家庭暴力防治法」。由於這項法律的施行，使得警察得以介入夫妻間的暴力情形，不過在日本仍排除介入情侶間的暴力。

就是其中一例，是一種互相依附彼此存在的關係，DV的組合則是施暴的丈夫（他）和即使忍受暴力也想支持他的妻子（她）。站在第三者的立場來看，要提醒被施暴者「早點和這種可惡的人分手」是很簡單的事，但**站在當事者的立場來看，等於會失去自己的依附所在，所以很難說分手就分手**。容易成為DV被施暴者的人，通常以自我評價低（⬇P136）、依賴心強的人居多。

DV受害情形愈來愈多

DV防治法施行以來，DV的受害件數愈來愈多，若包含沒有求救的隱形件數在內，DV受害件數顯然更多，如果再加上情侶間的DV，恐怕受害情形更是嚴重。

來自配偶的暴力事件

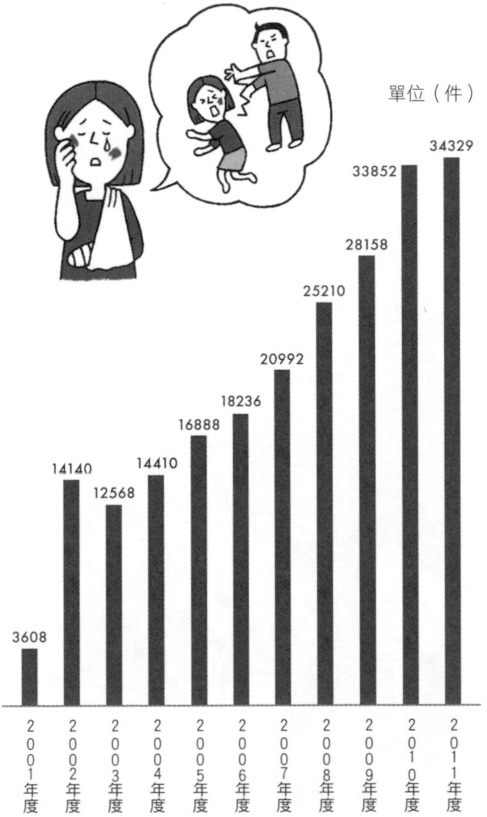
單位（件）
3608
14140
12568
14410
16888
18236
20992
25210
28158
33852
34329
2001年度
2002年度
2003年度
2004年度
2005年度
2006年度
2007年度
2008年度
2009年度
2010年度
2011年度

出處：日本警視廳調查 二〇一一年度的跟蹤狂事件暨來自配偶的暴力事件應對狀況

提升戀愛力量講座《2》

反向利用「傳聞一定會傳到本人耳裡」

溫莎效應

「溫莎效應」是指透過第三者傳達的情報或傳聞，比直接告訴本人更具影響力的心理效應，來自自傳式間諜小說《伯爵夫人是間諜（The spy went dancing）》（Aline, Countess of Romanones著）裡的溫莎公爵夫人所說的一段話：「千萬別忘了，第三者的讚美永遠都是最有效的」。

這種效應在市場行銷上也很受矚目，就是所謂的口耳相傳效果，實際上很值得應用在戀愛上。若有想告白的男性或想追求的女性，就對著和本人很近的人說「我覺得他真的很棒，擁有其他男人所沒有的魅力」，或「我覺得她那種低調的態度很不錯，我就喜歡這樣的女人」，設法利用他人傳話。

接著就會發現，不用多久這種話就傳到本人耳裡了，而且因為是透過間接聽來的關係，還能激發本人對說這番話的你產生想像，自然也會提高對你的興趣，等到實際面對面時，她或他一定會比你更感到雀躍。

PART 4

看懂男與女、戀愛與結婚行徑的心理

一見鍾情其實只是頭腦發昏？

容易因錯覺及臉部特徵和自己相像而發生

誤以為「理想的人＝喜歡」

「第一次見到時就瞬間被電到！」——這種瞬間愛上或迷戀對方的情形，稱為「**一見鍾情**」。

一見鍾情的發生原因，截至目前仍無法以科學解釋，只有幾個假設學說，在此舉其中二個代表性的學說來探討看看。

首先是**因錯覺而發生**的情形，例如初次見到的人只要有某部分符合自己的理想，大腦就會擅自斷定所有的條件都符合，這是因為**人類原本就有很強的主觀認定，認為「理想的人＝喜歡」，所以才會一見鍾情**，就如法文將一見鍾情稱為「被雷擊中」般，這是因為錯覺才會在瞬間裡**頭腦發昏**，並非真的是愛。

由於只是頭腦發昏而已，所以許多時候在交往過程中，會自然地從錯覺中逐漸清醒過來，最後結束二人的關係。

相似的人容易發展出戀情

第二個原因是**因臉部特徵和自己很像而發生的情形**。從認知心理學*的觀點來看，人們對於眼、鼻、口、耳等臉部形狀與位置很像自己的人，會不自覺產生親切感，也會因此對對方抱持好感，換句話說，相似的人容易發展出戀情（配對假說➡P64）。

在此介紹一個與前述頭腦發昏有不同結果的一見

＊**認知心理學** 人類的心理運作是由「知識、情緒、意志」所構成，其中針對「知識」做重點研究的學問就是認知心理學，也與腦的運作研究有密切關係。

鍾情調查結果，這是在美國所進行的研究調查，發現曾一見鍾情的人當中，約有70％因此發展出長期的交往關係（包含結婚）。進一步調查後還發現，從一見鍾情發展到結婚後又離婚的人當中，當初是男方一見鍾情的情形占20％、女方一見鍾情的情形占不到10％，若以美國的離婚率約50％來看，這種組合的離婚率明顯非常低。或許這種情形要完全套用在東方人身上會有困難，但至少可以知道一見鍾情的力量確實不容小覷。

一見鍾情產生的機制（假設）

為什麼會發生一見鍾情？在此介紹比較具代表性的三種假設。

因錯覺而產生

只要有某部分符合自己的理想，就會誤以為這個人的一切都符合自己的理想。

臉部特徵和位置與自己相像

眼、鼻、口、耳等臉部特徵和位置與自己相像時，會對對方感到親近，進而產生好感。

基因非常不同

為提高後代子孫的生存率，會盡可能與自己基因不同的人交配，以確保能留下有利生存的基因，這也是生物學上的解釋。

2

無法決定選擇哪一個人

不管認真還是玩玩，一旦被揭穿就會遭殃……

認為愛情只是一場「遊戲」

談戀愛時通常對象只會有一個，但其中**也有些人會腳踏兩條船**＊，**甚至同時和三人以上交往**，或許對腳踏兩條船的人來說，能被好幾名異性包圍其中覺得很得意，但對被腳踏兩條船的人來說，絕對不會開心。這種同時與幾名對象交往的人的心理狀態，大致可分為二種。

一種是單純將愛情視為一場遊戲，或只將對方當成玩玩的對象。多數時候這樣的人會認為只要對方能滿足自己的需求就行。

由於這種類型的人一開始就沒有打算認真談戀愛，所以和這種人交往也遲遲不會有進展，不僅如此，時間久了還很容易成為這種人的「**好用女（男）**」。

想認真談戀愛卻優柔寡斷

第二種是**無法鎖定一個人**。不同於前述的情形，這種人其實很想認真談戀愛，只是交往的對象各有優點，也深受這些優點吸引，遲遲無法決定到底該選哪一個，或即使已經決定要選擇其中一個，也無法對其他對象死心，結果只好繼續腳踏多條船。

這種類型的人最常見的特徵，就是**意志薄弱或根本沒有自己的意志，是個優柔寡斷的人**。

這種人不論面對什麼事，都不擅長自己做決定，所以和這種人談戀愛時，若想有進一步的發展，就

＊**腳踏兩條船**　同時想達成兩個目的的情形，用在戀愛上則指同時與二名情人交往的情形，屬於負面用語。

必須讀取對方的心情，並設法不著痕跡地將對方拉向自己。

腳踏兩條船的狀況千百種

前面雖然將腳踏兩條船的人的心理狀態分為二種來探討，但其實腳踏兩條船的狀況千百種，在此試著舉出其他可能的狀況。

①學生時期就開始和男友交往，但在進入社會後，受到職場上的前輩吸引，逐漸覺得原本的男友很幼稚。

②與男友處於遠距離戀愛的關係，因為很難得見到面，自然而然開始和其他男人交往。

③交往中的女友是那種沒有我就不行的女人，偏偏又認識了個性大方的女性，深受她擁有女友所沒有的魅力吸引，於是開始交往，而且無法捨棄任何一方。

不過**一旦腳踏兩條船被揭穿，表示二名對象會同時知道這件事**，最慘的結局就是**二名對象都受不了而離去**，所以談戀愛時最重要的還是誠信，這一點相信大家都心知肚明。

戀愛心理見聞

「好用男」與「好用女」

「好用女」和「好用男」說穿了就是完全被對方利用的女人、男人，儘管當事者可能認為「我很被依賴」或「我是被愛的」，但最常見的情形就是對方早就有真正的男友或女友了。

對女人而言的「好用男」，在早期被稱為「司機」，當時還蔚為話題，最常聽到的是「我錯過最後一班車了，快點來接我」，然後就看到男人出現來接送。至於對男人而言的「好用女」，就是不論他對她有多冷淡，她還是願意被他隨傳隨到，而且他開口要錢時，她也會毫不猶豫地拿出來，甚至他只是想和她上床，她也會接受。

3 喜歡的人是個自戀狂

只愛自己的他（她）占有慾很強，有時甚至很冷漠

男與女

受孩童時期父母的愛影響

看到櫥窗或鏡子時會立刻確認自己的身影、別人沒問也逕自說起有異性緣的話題、所有人都說辦不到的事也會自信滿滿地說自己有辦法辦到——這種**非常自戀*又很有自信的人，一般稱為自戀狂**。

以心理學觀點來說，這樣的人是因為從孩童時期就深受父母影響的關係。

若是在孩童時期被溺愛而成長，很容易覺得自己特別優秀；相反地若是沒有得到父母的愛，也會透過認為自己比別人優秀的方式，來彌補實際的負面體驗。

最愛的是自己

心理學上的自戀狂就是呈現**自戀**情形的人，有下列幾個主要特徵：

- 過度評價自己的業績和才能，還會向周遭人炫耀。
- 成天幻想自己已經得到成功、權力、才能、美、理想的愛。
- 認為自己是特別的存在。
- 自私自利，會利用他人來達成自己的目的。
- 沒有意願去理解他人的心情與需求。
- 喜歡被人誇獎，會開心得不得了。

如果妳的他有下列特徵，不妨可以認為他就是個

＊**自戀**　認為自己最重要的思想。奧地利的精神分析學家佛洛伊德認為，自戀是孩子成長過程中必經的階段。

自戀狂：

●被誇獎時不會謙虛回應，只是很滿意地笑著，或雖然嘴裡說「沒有這回事啦」，臉上卻露出暗笑。

●誇獎他的朋友或知名男星時，他會露出一副無趣的表情（自戀狂不認為有哪個男人會比他好）。

●明明沒問他，他卻沾沾自喜地逕自說起以前的眾女友，以及被女性告白的經驗。

女性的自戀狂又如何呢？除了男性自戀狂的特徵外，可能還有下列特徵：

●不只是補妝看鏡子時，而是隨時都會看著鏡子心想「我真的長得很漂亮」。

●即使已經是個成人，還是習慣說「小雪覺得」，用自己的名字稱呼自己。

不論男女，或許自戀狂的個性並不是那麼差，**只是因為最愛自己，所以一旦自己或自己所想的事遭到否定，就有可能像個小孩一樣鬧彆扭，加上占有慾很強，有時會表現出冷漠的一面來。**如果妳的他或你的她是個自戀狂，一定要先理解他（她）的這種個性，才有辦法好好操控他（她）。

戀愛心理見聞　希臘神話裡的納西瑟斯

「自戀（Narcissism）」和「自戀狂（Narcissist）」一詞都來自希臘神話。

納西瑟斯（Narcissus）是一名俊秀美少年，很受女性喜愛，但他因為太愛自己，成天只想著自己，因此一個接一個地拋棄女性。

後來復仇女神娜米西斯（Nemesis）聽到這些被他因一句「很無趣」而拋棄的少女的怨恨，決定懲罰他一生只能愛他自己，於是有一天讓他偶然看到映照在湖面上的美少年（他自己），並深深愛上這名美少年，當他想親吻美少年而湊近湖水時，一不小心摔進湖裡死了。後來歐美人就將當時盛開在湖邊的水仙花稱為納西瑟斯。

4 草食男與肉食女

不會對女性餓虎撲羊的草食男和積極求愛的肉食女或許很搭

沒有慾望、以穩定為志向的草食男

已經成為眾所周知的**草食男***一詞，根據某問卷調查的結果顯示，回答「自認是個草食男（包含「自認應該是個草食男」）」的人，占整體的60％以上。

草食男是指**不拘泥所謂的「男子氣概」**，**只求穩定的文靜男性**，最大特徵是雖然不是沒有機會談戀愛或上床，但態度並不積極，基本上沒有什麼慾望，過得比較淡泊，而且不喜歡與人競爭，加上善於傾聽，所以能和所有人建立起良好的關係。由於**對女性不會表現出餓虎撲羊的樣子**，即使二人單獨喝酒一整晚，女性也能放心，加上善於傾聽別人說話，所以普遍能得到女性的好評。

不過就戀愛對象來說，草食男對女性而言似乎略嫌不足，因為草食男會配合、體貼對方的這項優點，看在女性眼裡會覺得是優柔寡斷、意志不夠堅定。自認是草食男的人，若能在緊要關頭表現出「堅強」、「男子氣概」，對女性來說絕對是最理想的對象。

積極主動的肉食女

相對於草食男一詞，也有**肉食女**的說法，而且是因為出現草食男一族，才慢慢受到世人矚目，主要是因為草食男不會對女性表現出餓虎撲羊的樣子，為了得到這樣的男性，女性只好自己積極起來。

基本上草食男並不討厭肉食女的這種求愛方式，

＊**草食男**　專欄作家深澤真紀在二〇〇六年的《日經商業》連載裡自創的語詞，後來女性雜誌《non-no》在二〇〇八年時做成特輯，才全面流行開來，並在二〇〇九年被選為流行語大賞排行榜前十名。

通常都會接受，這種情形或許很類似姊弟戀的關係（➡P120）。簡單地說，由於肉食女能帶領草食男，所以彼此能建立起良好的關係。

此外，肉食女**對婚活也很積極**，不惜費心費力學習如何展現自己的魅力，以及擁有男人緣的技巧，也會為了找尋條件好的男性，頻繁參加聯誼或派對活動。

草食男程度確認表

請勾選下列符合的項目，符合的項目愈多，草食男程度就愈高。

- ☐ 對出人頭地沒興趣。
- ☐ 寧可從事一般工作而非專業工作。
- ☐ 討厭與人競爭。
- ☐ 只想過著風平浪靜的安穩人生。
- ☐ 工作時離不開零食。
- ☐ 傾聽別人說話也不會覺得不耐煩。
- ☐ 和家人的感情很好。
- ☐ 不曾搭訕過女性。
- ☐ 寧願被肉食女主動求愛。
- ☐ 有許多女性朋友，也常常一起玩。
- ☐ 即使和女性同床，也不會有任何不軌的行為。
- ☐ 和女性吃飯都是各付各的。
- ☐ 不明白格鬥技的樂趣所在。
- ☐ 喜歡待在家裡勝過出去玩。
- ☐ 不覺得做家事是一件苦差事。
- ☐ 有在護膚。

5 為了心愛的人，什麼事都敢做

「我都犧牲奉獻到這種程度了」其實只是自我滿足。對對方來說是負擔

男與女

戀愛最重要的是雙方的平衡

戀愛的形態百百種，有些人是**「為了心愛的人，什麼事都敢做」**，凡事都以情人為優先考量，只要能讓對方開心，即使犧牲自己也不在乎，表現出強烈的愛情，屬於**「犧牲奉獻型」**的人。

談戀愛時若**一方的感情太過強烈，似乎都比較難維持下去**，因為**談戀愛同樣需要男女間的平衡**，若彼此對對方的感情強度相當，就能得到相同的滿足感，就結果來說，二人的關係才能穩定，愛情也才能長長久久。

但雙方的感情強度若有落差，彼此能得到的滿足感自然也會有落差，因為**人對自己付出的行為（感情強度）都會期待有同等的報酬***（**滿足感等**），如果對方的感情強度不如自己，就無法得到期待中的結果，久而久之會開始對對方產生不滿，最終只好為這場愛情畫下休止符。

「犧牲奉獻＝被愛」是錯誤的主觀認定

「我明明都犧牲奉獻到這種程度了，到底是為什麼？」會有這種不滿的情形，似乎以女性居多，因為**女性自認為對對方「犧牲奉獻」，其實只是一種自我滿足**，只是在「犧牲奉獻＝被愛」的錯誤主觀認定下，陶醉於拚命為對方盡心盡力的自己。

另一方面，接受對方犧牲奉獻的人，剛開始的確

＊**報酬**　相對於常聽到的「金錢報酬」，被人誇獎時會覺得滿足的情形稱為「心理報酬」。心理報酬能提高人的幹勁，也能有效增進自信。

會很開心，但逐漸的會感到負擔，因為在「**禮尚往來原則**」（好感的回饋性⬇P60）下，人對自己接受到的行為（好感）會覺得應該要回饋，只是當對方的行為（好感）超出自己回饋的能力範圍時，就會變成一種負擔，導致戀愛情感逐漸冷卻。

若想維持長久的愛情，一定要提醒自己不要做出自我感覺良好的過度犧牲奉獻行為。

禮尚往來原則

「受到別人的恩惠時，應該回饋對方相對的恩惠」，這種心理就稱為「禮尚往來原則」。這種心理會表現在下列地方：

在超市裡試吃東西時。

會認為「不跟他買不好意思」。

收到賀年卡時。

會認為「不回寄賀年卡不好意思」。

收到昂貴的生日禮物時。

會認為「也得買同樣昂貴的禮物回送給他才行」。

聽到電器行細心的說明時。

會認為「應該買這個產品才對」。

男與女

阻礙愈大就愛得愈濃烈

錯誤認知情緒的「歸因錯誤」和「羅密歐與茱麗葉效應」

情緒因生理的反應和狀況而定

關於情緒的心理學理論當中，有一個「**情緒二因論**」，是由美國心理學家斯開特（Schachter）所提倡。根據這個理論，**喜怒哀樂等人類的情緒，取決於生理反應與說明該生理反應的狀況等二個要因**。

舉例來說，當我們內心怦怦跳（生理反應）時，若眼前正好有一位帥哥（狀況）在，我們就會對自己此時的情緒做出說明，認為是「因為看到帥哥才心裡怦怦跳」。

但有時我們會錯誤認知自己的情緒，例如在被狗吠叫後才看到帥哥時，明明是因為被狗吠叫才內心怦怦跳，卻誤以為是因為看到帥哥，這種情形稱為**歸因錯誤***。

阻礙愈大就愛得愈濃烈的原因，往往與這種歸因錯誤有關，簡單地說，在原本就存在戀愛感情的情況下，將因受到阻礙而產生的激動情緒，誤以為是「對對方的強烈愛情」，因此愛得更濃烈。

羅密歐與茱麗葉效應

心理學將這種阻礙愈大就愛得愈濃烈的狀態稱為「**羅密歐與茱麗葉效應***」。眾所周知《羅密歐與茱麗葉》是莎士比亞作品中最有名的戲曲，描寫分別生於兩個死對頭家族裡的羅密歐與茱麗葉儘管真心相愛，卻遭到雙方的家庭極力反對，後來因對彼此的愛情無法開花結果感到灰心，最終走上絕路的

＊**歸因錯誤**　將真正引發某個現象或行動的原因，誤判成別的原因的情形。被情人拋棄時，會認為原因不在自己身上的情形，也屬於這種歸因錯誤。

故事。由於故事內容正好符合阻礙愈大就愛得愈濃烈的心理現象，因而得名。

我們也常聽聞歷經一番阻礙後終於結成連理的情侶，居然沒多久就分手了，主要就是因為**原本受阻礙而暫時燒得火熱的愛情，在阻礙消失後瞬間冷卻下來的緣故**。如果彼此的愛情瞬間變得火熱，一定要先冷靜下來思考看看，這個愛情到底是不是真的。

為什麼「阻礙愈大就愛得愈濃烈」？

有些愛情是隨著時間的經過會慢慢加溫，有些愛情則是一下就變得火熱，尤其是受到阻礙的愛情，通常會燒得很旺，這到底是為什麼？

1 開始談戀愛

彼此受對方吸引，開始對對方產生戀愛感情。

2 出現阻礙

父母的反對、不好的傳聞、欠債、生病等，出現很難克服的阻礙，讓二人非常痛苦。

3 歸因錯誤

將阻礙所帶來的壓力（生理反應）誤認為是激情，導致戀愛感情瞬間升溫到最高點。

＊**羅密歐與茱麗葉效應**　由心理學家理查・德瑞斯科（Richard Driscoll）所命名。在針對戀愛中的情侶所做的調查中，發現遭受阻礙的情侶比沒有遭受阻礙的情侶，戀愛感情更濃烈。

男與女

7

就愛束縛對方

甚至會確認對方的手機。過度束縛可能導致分手

過去的創傷引發不安

頻繁打電話確認他（她）目前的所在，若發現他（她）要和朋友出遊，就會很不開心。儘管有輕重程度之別，但其實**有不少人很愛束縛情人**，雖然理由不外乎占有慾太強、忌妒、自私、驕傲、對自己沒自信等，不過最大的理由應該是「不安」。

簡單地說，**只要情人不在身邊，就開始擔心對方是不是已經厭倦自己？對方是不是劈腿？內心非常不安**。

通常會有這種心理狀態是因為過去有過相同的經驗，例如第一次談戀愛就被劈腿，或前男友（前女友）突然提出分手，**深深被刺傷的過去經驗成為心理創傷**所致。孩童時期在沒有母愛的環境下成長的人，也容易有很想束縛對方的傾向。

不僅如此，過度束縛有時還會引發ＤＶ（➡P148）或**精神虐待***等暴力，以及口出惡言的情形，一定要多注意。

偷看手機

有些人會因為想束縛對方而去偷看他（她）的手機，特別是當情人的態度或說話方式與以往不同時，尤其是直覺敏銳的女性，會馬上懷疑「一定有問題」，想從手機訊息來查出實情，因為這是最快的方法。

雖然幾乎所有人都會對這種行為抱持罪惡感，但

***精神虐待**　指在精神上造成他人痛苦，或透過言語施暴的情形。精神虐待不同於肉體上的施暴情形，通常比較不明顯。來自職場主管等的職權騷擾，也算是精神虐待。

仍忍不住會想去偷看，主要是因為想掌握對方的所有行動，想明白對方真正的想法，而這些行為背後都潛藏著不安的因素。

想劈腿的表徵？

一般認為會想強烈束縛情人的人，都有很強的劈腿願望，**也因為自己有很強的劈腿願望，才會認定情人一定也有劈腿願望**，心理學將這種情形稱為**投射＊（外射）**。

站在被束縛者的立場來說，剛開始談戀愛時，會覺得情人的這種行為是很可愛的忌妒行為，所以有不少人反而從中感受到愛，但只要這種情形愈來愈過火，就會逐漸感到不耐煩，二人的關係也會開始產生齟齬，最後真的開始劈腿，甚至分手。

若覺得自己也有這種束縛情人的傾向，一定要先設法冷靜下來，重新檢視一次自己的行為。

戀愛心理見聞

偷看手機訊息屬違法行為？

偷看手機的行為往往會大大影響之後的戀情發展。首先是偷看手機的人心裡會有罪惡感，也會因此覺得虧欠對方，而一旦發現對方真的劈腿時，即使想繼續維持這段戀情，也會因為偷看手機的行為引發爭執，不但無法解決劈腿問題，反而會瓦解彼此的信任，最後導致分手。

附帶說明，若未經許可擅自偷看他人的信件，會觸犯刑法第三百一十五條（妨害書信祕密罪），雖然截至目前並沒有針對偷看手機的刑罰規定，但仍有可能觸犯民法上的侵害隱私罪，當然就有可能得擔負賠償責任。

＊**投射** 或稱為外射，屬於一種心理防衛機轉，指自己不願承認的情緒或衝動等負面情感，反過來認定是對方擁有這種情感的心理作用。

8

愈吵感情愈好？

會吵架是因為卸下心防，所以更該早點和好

男與女

吵架也是一種溝通手段

戀愛中的男女，應該沒有哪一對不曾吵過架，因為**吵架可說是為了與對方有更親密關係的溝通手段**。

一般認為情侶間的吵架，最容易出現在戀愛初期裡，理由當然是因為關心對方，但也因為這個階段的吵架，常常會替愛情踩煞車，加上還不是很瞭解對方的緣故，有時會因此導致分手。

但當二人的關係愈來愈深時，就會開始對對方不再有顧忌，因此只要對方約會遲到，就會大聲斥責，也會開始認為某些事「這麼做是理所當然的」，強迫對方接受自己的價值觀，有些人的講話方式甚至是將對方視為自己的一部分，不過這些行為都是因為對對方卸下心防的緣故。

戀情要長久，祕訣就在早點和好

雖然說吵架可算是一種為加深彼此關係的溝通手段，**但更重要的是吵架後的和好方式**，愈能早點和好就愈能避免不良影響。

例如吵完架後，如果說出會讓人更生氣的嘲諷語句，或相敬如冰的態度，對方也會被迫回敬相同的態度，這種情形稱為交互作用*，如此一來彼此情緒都會很差，更難快速和好，甚至有可能影響彼此的關係。

若想修復彼此的關係，甚至加深彼此的關係，吵

＊交互作用 二個以上的存在，互相影響彼此的情形。至於社會心理學所探討的社會交互作用，主要在探討個人與社會（或團體）的關係。

完架後一定要立刻轉換心情，向對方表現溫柔體貼的態度。

例如**只要露出微笑，甚至碰觸對方表現誠意**，就能在交互作用下，影響對方採取同樣的態度，自然就能很快和好。

不論多會吵架，只要懂得和好的方式，就能一直相親相愛。

和好方式

不論多會吵架，只要懂得和好方式就能安心，一定要極力避免吵架的壞心情持續下去。

巧妙轉換心情

吵架讓二人的氣氛變得很僵

↓

其中一方做出轉換心情的提議。

我來泡咖啡吧！

愈吵愈激烈

↓

別非得分出黑白不可，應立刻讓步，設法利用之後的約會轉移注意力，讓爭執冷卻下來。

今天就別再爭了，先去吃點東西再說吧。

打電話或傳訊息道歉

對不起

若不好意思當面道歉，就傳訊息表示「對不起」、「是我不好」，設法向對方道歉。

送禮物

在禮物上附小紙條道歉，或在將禮物交給對方時直接說「這代表我的歉意」。

9

已讀不回的不安

女性堅持要速回，男性只認為是傳達資訊的手段

男與女

已讀不回＝被討厭了？

今日已經沒有哪對情侶會引頸期盼他（她）的回電吧，因為現在**情侶的聯絡方式幾乎都改成傳訊息了**，即使不知道對方的手機號碼，也會優先與對方交換彼此的帳號。

剛開始交往的男女，最先**會感到不安的情形就是已讀不回**，尤其是**女性**，**最在意對方回訊息的時間長短**。若同為女性，更會希望對方立刻回信，有如打電話般的快速。

對認為速回***是基本動作**的女性來說，一旦他好幾個小時都沒回訊息，就會覺得坐立不安，如果整整一天都沒有回訊息，就會開始胡思亂想地認為「他是不是討厭我了？」、「我有做什麼讓他討厭的事嗎？」，種種不安的情緒會湧上心頭。

男性安心時會減少回訊息的次數

但男性對手機訊息的看法與女性非常不同，**女性認為用手機傳訊息是彼此共有情緒的一種手段**，所以會頻繁地與對方互傳訊息，有如在和同為女性的朋友長舌講電話般。

另一方面，通常男性只將手機訊息當成是傳達資訊的一種手段。當然剛開始交往時，為了緊緊抓住她的芳心，或許會很努力的傳訊息，但只要戀情發展順利，就會逐漸放下心來，加上原本就認為手機訊息不過是傳達資訊的手段之一，所以自然會減少

＊速回　立刻回訊息的意思。也被用在立刻回應留言板（BBS）訊息的情形。很晚才回訊息的情形則稱為「遲回」。

回訊息的次數。如果女性還是不放心的話，不妨直接打電話向他確認看看，畢竟想知道一個人真正的想法，還是應該面對面直接交談，親耳聽對方說才行。

由於男性不認為手機訊息是用來傳達感情的工具，若接到女性以交談為目的的訊息時，很有可能會覺得「很煩」，所以最好別將他當成女性友人一樣，頻繁地想用手機訊息來交談。此外，內容太長的訊息，也常常會讓男性覺得困擾，不知如何回應。

如何與他巧妙的互傳訊息？

配合他的個性來傳訊息最重要，若他是一個比較女性化的細心男，或許就能採用和女性朋友互通訊息的方式聯絡，只是通常男性並不喜歡這種方式，一定要多注意。

避免情緒性的話，要以直球取勝

NG：我覺得今天好孤單喔。

GOOD：今天有時間一起吃飯嗎？

純為報告的內容會讓他不耐煩

NG：我剛剛買了一件很可愛的衣服呢！

GOOD：我終於買到我一直想要的東西了，抱歉喔，讓你替我操心了。

過度使用圖文字和心型符號，會讓男性敬而遠之

NG：我好期待☀明天的約會◉呢，如果♥♥♥☂就打☎給我♪♪

GOOD：我好期待明天的約會呢，麻煩你囉♥

催促性的訊息只會讓他受不了。一定要簡潔

NG：我昨天一直在等你的✉……〇〇你沒回訊息，讓我覺得好難過……

GOOD：等你回昨天的訊息喔。

男與女

10 忘不了甩掉自己的前男友（前女友）

無法療癒失戀、分手的傷痛，對自己產生無價值感、不安、恐懼

對自己的無價值感、失落感

被喜歡的人或曾經交往過的人主動提分手後，**遲遲無法忘掉這個已分手的前男友（前女友），仍非常執著**。大家是否有過這種經驗？乍看之下似乎只是想纏著對方不放，但其實背後存在**對自己的無價值感*與失落造成的不安、恐懼心理**。

失戀與分手的執著情形有幾種類別，在此介紹其中較具代表性的情形。

①執著於分手理由

「我到底是哪裡做錯了？」執著在尋找分手的原因，即使對方明白告知理由也不相信，還是想找出分手的真正原因。

②執著於對方所說的話

例如要分手時被對方批評「很不體貼」，這句話因此深留在腦海裡，完全拂不去，因此隨時都在擔心現任情人會不會也對自己說這句話。

③執著於過去的自己

非常執著和前男友（前女友）交往時神采飛揚的自己，甚至會拿現任情人與前任情人做比較，一直認為「逃掉的魚最肥美」。

覆寫存檔與另存新檔

另一方面，若用電腦存檔方式來比喻過去的戀情，那就是**「女人是覆寫存檔，男人是另存新檔」**。簡單地說，女性能快速忘掉已成過去式的他，邁向

*無價值感　感覺不到自己的價值的情形，不但對自己評價過低，也一味認定自己不被人認同、不被人愛，是一個沒有價值的人。

全新的戀情，男性卻想保存與過去的她之間，所有美好的回憶。

實際上根據某調查結果顯示，覆寫存檔派以女性居多，而另存新檔派當中男性占七成、女性占五成，可見**男性比較容易美化逝去的愛情**。相反地，會說前任情人壞話的以女性居多，顯示**女性想將回憶連同愛情一起捨棄**的意識比較強。

要如何放棄執著？

要放棄執著並不簡單，但絕對值得嘗試看看，因為早點放棄執著，才有辦法享受下一段全新的愛情。

❶ 設定明確目標

為什麼會和前男友分手……

思考看看今後的自己想要度過什麼樣的人生，再想想目前無法放棄執著的原因，然後設定目標，就能從中找到面對未來的力量。

❷ 面對執著的自己

接受目前的狀態，盡情感受自己的執著，等消極的情緒盡情發散完後，自然會逐漸減少負面情緒，心情就能慢慢開朗起來。

我一定能找到更好的男人！

❸ 找事情做

好吧，先來打電腦！

什麼也不用想，先將眼前的作業一樣一樣處理完，例如家事或工作，只要一忙起來，就能分散執著心。

11 男人與女人的眼淚有什麼不同？

愈來愈敢在人前哭泣的男人、會用眼淚魅惑男人的女人

眼淚是非語言溝通手段

身體接觸、身體動作、手勢、視線等，透過非語言方式溝通的情形稱為**非語言溝通***（non-verbal communication），眼淚當然也是其中之一，而且比起雄辯的語言，眼淚更能傳達想法與情緒。

通常女人比男人更會在人前哭泣，這也是一般常識，理由之一在於腦的特徵，因為**女性的喜怒哀樂情緒比男性強烈**（⬇P46），而眼淚常常是在我們因悲傷或喜悅而情緒高漲時流出來，所以就結果來說，才會呈現出女性較易哭泣的情形。

男人可原諒的眼淚與無法原諒的眼淚

以男性來說，由於多數人從小就被父母與周遭人灌輸「男生不可以哭」、「愛哭的人都是膽小鬼」的觀念，所以不會在人前掉淚，也不想被人看到自己哭泣的樣子。

不過近年來在婚禮上，常常看到喜極而泣的人是新郎而非新娘，顯示或許有愈來愈多男性不再拘泥傳統所謂「像個男人的樣子」。

實際上有調查結果顯示，每三名女性中就有一名女性看過交往中的男友在她面前哭。

不過**對女性來說，男性的眼淚似乎有可以原諒與無法原諒的區別，無法原諒的情形有因失戀而哭泣的男人、被主管發飆而哭泣的男人等等。可以原諒的情形除了前述在婚禮上哭泣的男人外，還有被電**

＊**非語言溝通** 不使用語詞、文字、印刷物等語言方式溝通，而是使用身體碰觸、態度、視線、表情等方式取得的溝通。

視劇或運動比賽感動而哭泣的男人。

換句話說，因正面內容而哭泣的男人比較能得到女性的寬容，也能引起女性的共鳴。

女性的眼淚是一種戀愛技巧

至於**女性的眼淚，則常常被當成一種戀愛技巧使用**。自古人們就說「眼淚是女人最大的武器」，所以當他的態度無法讓女性隨心所欲時，女性就會以哭泣的方式來困惑男人，讓狀況轉為對自己有利。另外當女性與男友意見不同時，也會利用眼淚讓男人有罪惡感，以利推動自己的意見。有些女性會動不動就哭，或許就是因為在潛意識裡明白眼淚能有效操控對方的心所致，可說是戀愛達人。

不過這種技巧或許剛開始會很有效，但如果不斷採取相同的手段，最終還是會被對方看穿，所以絕對嚴禁經常使用。至於男性也必須多加留意，千萬別被女性的眼淚給騙了。

戀愛心理見聞

光源氏其實也是個愛哭男

或許有不少女性會說「為了愛情常哭的男性真是沒出息」，但其實在小說與故事裡，眼淚並非女性的專利。

最具代表性的人物就是光源氏，也就是眾所周知《源氏物語》裡的男主角，他就經常為心愛的女性流淚，甚至曾寫過一段詩詞送給朧月夜：「多年不見終得重逢，卻被門扉阻隔，令我傷心落淚」。

此外，尾崎紅葉《金色夜叉》裡的貫一，也對決定嫁給有錢人的宮說「明年的今月今夜，我一定會用眼淚讓月亮昏暗」。

其實包含武士在內，近代社會的好男人們也常常會掉淚。

12

遠距離戀愛都不長久？

想見時見不到、滿是不安與不滿、既花錢也花時間

男與女

心理上與物理上的負擔都很重

情侶分居遠處的**遠距離戀愛**，**簡稱為「遠戀」**，比起一般情侶來，要讓愛情有所進展並持續下去，會在心理上與物理上造成很大的負擔，因此很遺憾地，有不少對情侶最終不是分手，就是感情自然而然的淡掉。

這種戀愛方式最大的障礙就是**想見面時見不到面**，而見面次數減少很容易陷入**單純曝光效應*的反效果**，很難有正在交往中的實際感覺，導致感情愈來愈淡。

其次是因為無法經常見面，所以**不安與不滿的情緒會愈來愈強烈**，最後只要一無法取得聯絡，會馬上懷疑對方「該不會是劈腿了吧」，猜疑心也跟著愈來愈重，等到好不容易有機會見面時，因為猜疑心作祟的關係，最終還是以吵架收場，這種情形並不少見。

就物理上來說，問題較大的是**金錢與時間的負擔**。由於是遠距離戀愛，要見面當然得花一定的交通費與時間，在在都是負擔，就連要安排休假都得傷透腦筋，也難怪許多情侶會因此愈來愈少見面。

在這種狀態下要維持甚至加深二人的關係，彼此都必須擁有相當堅定的意志，更需要隨時確認彼此的心意才行。

遠距離戀愛才有的優點

***單純曝光效應** 美國心理學家查瓊克（Robert Zajonc）所發表的論文，指不斷重複接觸對方時，就能提高對對方的好感度與印象。

不過遠距離戀愛還是有其優點，包含因為平常見不到面，所以見到面時的喜悅會加倍，而且每次都能以新鮮的感覺來見他（她）。實際上還是有情侶克服了心理上、物理上的障礙，充分享受著遠距離戀愛。遠距離戀愛確實很辛苦，但能否維持下去，

或許最終還是要看彼此的心意，只是就心理學觀點來說，「**物理上的距離往往是心理上的距離***」，最好趁彼此還沒有改變心意之前，早點結婚比較好。

若想讓遠距離戀愛開花結果

提到遠距離戀愛雖然大都會想到缺點，但其實只要二人的愛與意志夠堅定，就能克服障礙，得到更大的幸福。在此介紹幾個談過遠距離戀愛的過來人所做的建議。

遠距離戀愛應注意的重點

（依據遠距離戀愛保存委員會的問卷調查結果）

- 要相信對方。
- 要（努力）讓對方信任。
- 要彼此體貼對方的立場。

- 要常聯絡，也要坦率說出自己的想法。多利用手機傳訊息等方式，隨時取得彼此的溝通。

- 不能有隱瞞。
- 不可以認為只有自己很寂寞。

- 極力不讓彼此有距離感。
- 持續努力愛對方，也努力持續被對方所愛。不過度勉強，也不庸人自擾。

- 找出彼此想做的事。
- 隨時都要共同歡笑。
- 要有毅力和經濟能力。

＊**物理上的距離往往是心理上的距離**　博薩德（Bossard）定律。這是由美國心理學家博薩德發現的定律，指男女在物理上的距離愈近，愈能拉近心理上的距離。

結婚對女人的意義、對男人的意義

將結婚視為終點的女人、婚後才發現女人會變的男人

女性會以父母的結婚為範本

結婚對女性而言是人生中最重大的決定，如同「reach the goal」一詞般，**許多女性都認為結婚是人生的終點**。

偏偏女性又會**以自己的父母為範本（或借鏡）來組織家庭**，所以若父母的感情很好，就會以這種夫妻關係為理想，選擇與父親類似的男性。當然有些夫妻乍看之下感情很好，其實是一對**假面夫妻***。相反地，如果父母感情不睦，女性就不想選擇與父親類似的男性。

簡單地說，對女性而言，父母之間的夫妻關係會大大影響自己的家庭經營方式，所以婚後仍隨時在潛意識裡對抗這種糾葛。

男性覺得「結婚是人生的墳墓」？

結婚對男性來說同樣是為單身生活畫下句點，所以也是一件重要大事，如果此時男性心裡是盤算著「結婚後會有妻子幫忙打掃、洗衣、煮飯」而結婚，這種盤算一定會被妻子看穿，導致夫妻關係愈來愈緊張。

所謂**「結婚是人生的墳墓*」**，在對二十～三十九歲已婚男性所做的問卷調查裡，回答「相信」這句話的人有29%、回答「不相信」的人有71%，而回答「相信」的男性理由，最多的是**時間與金錢上的損失**。

＊**假面夫妻**　指即使存在外遇、劈腿等足以離婚的理由，仍因各種考量而選擇不離婚的夫妻。通常不會再有性生活，也幾乎都不交談。

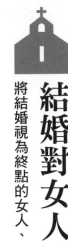

另一份針對三十多歲已婚男性所做的問卷調查發現，約有六成男性**「後悔結婚」**，理由大多是**女方在婚前與婚後的感覺差很多**（美貌不再、拒絕性生活、不會做菜等）。這個結果或許也顯示了多數女性將結婚視為人生終點的後果。

婚姻生活成立在夫妻的共同努力下，只要彼此都能擁有這個意識，應該就不會對結婚感到後悔。

如何看待結婚與家庭？

未婚男女到底如何看待結婚與家庭？就調查結果來看，整體來說男性似乎比較具有傳統與保守的想法。

（%）

	未婚男性	未婚女性
並不羨慕終身未婚的生活	64.0	57.1
男女若想一起生活就應該結婚	73.5	67.4
只要彼此有愛，就算還沒結婚也可以上床	84.0	83.2
不論在哪種公司上班，仍應保有一定的男人味、女人味	86.1	85.0
即使結婚，仍應擁有無關伴侶和家人、只屬於自己的人生目標	81.2	84.2
婚後為了家庭，即使得犧牲一半自己的個性和生活方式，也是應該的	58.2	45.4
婚後應維持男主外、女主內的生活方式	36.0	31.9
要結婚就應該要生小孩	77.3	70.1
孩子還小時，媽媽應該放棄工作，以照顧小孩為主	73.3	75.4
既然結婚，就不該為個性不合等小事離婚	72.3	62.2
即使不結婚也可以有小孩	31.6	33.7

二〇一〇年 出生動向基本調查（結婚與生產之全國調查）
日本國立社會保障暨人口問題研究所

＊**結婚是人生的墳墓** 據說是法國詩人波特萊爾（Charles Baudelaire）因為憂心當時蔓延開來的性病，於是主張「先到有墳墓的教堂去清淨過身體後再結婚」，卻被誤譯而流傳後世。

2 當夫妻之間的愛已冷卻時

只要愛的形態從「熱情」變為「依附」，就能持續下去

夫妻

換句話說，**一時性的「熱情」會開始冷卻，轉化成名為「依附*」的全新形態的愛**。

其實結婚真正辛苦的地方，在於如何維持下去，做為夫妻能否彼此產生依附，進而加深關係，才是能否度過令人滿意的婚姻生活的重點。

當關係完全降到冰點時

另一種情形是夫妻關係降到冰點，原因不外乎談戀愛時為了取悅對方會拚命努力與忍耐，但**一結婚就開始變得不在乎，即使對方為自己做了什麼事，也忘了要感謝對方**。

另外也有可能在談戀愛時沒注意到對方令人討厭的地方，婚後突然變成很顯眼的缺點。即使一開始

結婚就像跑全程馬拉松

明明是彼此相愛才結婚的，成為夫妻後感情卻似乎莫名的變冷了——會覺得夫妻之間的愛冷卻下來，通常有下列二種情形。

第一種情形是因為結婚改變了愛的形態。**戀愛與結婚經常被比喻為跑百米競賽與全程馬拉松***，但要以跑百米競賽的速度跑完全程馬拉松是不可能的事，所以如同跑馬拉松有跑馬拉松的方法般，結婚（夫妻）也有結婚該有的愛的形態。

談戀愛時的熱情能在婚後維持一段時間，但隨著時間的經過會慢慢穩定下來，並轉為一種安心感與舒適感。

＊**全程馬拉松** 全長達42.195km的馬拉松。另外也有針對一般民眾舉辦的半程馬拉松（21km）和四分馬拉松（10km）。有時需花長時間進行的作業，也會被比喻為馬拉松。

只是小小的不滿，只要慢慢累積，對對方的愛自然會慢慢變淡，最終降到冰點，結果不是成為假面夫妻（➡P176）就是選擇離婚。

若發現夫妻的感情已經變冷，一定要先確認是屬於前述哪一種情形，如果已經降到冰點，更應該要彼此**冷靜坐下來好好的談一談，以早點修復夫妻的關係**。

戀愛與結婚的「愛情」形態不同

同樣都是愛情，戀愛中與婚後的形態會產生變化，如果堅持要一直沉浸在戀愛中的心情，就無法由衷享受婚姻生活的樂趣，當然也會愈來愈不滿足。

戀愛中是「短距離賽跑」

- 充滿熱情。
- 為取悅對方會不惜一切努力。
- 享受見面時的短暫甜蜜。

結婚後是「全程馬拉松」

- 開始覺得安心，待在一起會很放心。
- 開始對彼此產生依附的感情。

＊**依附**　最早是由英國小兒科醫師約翰・鮑比（John Bowlby）在研究發表中提出的理論。依附的第一個階段，是嬰兒出生後在前三個月內與父母建立起的親子羈絆。

3

逃避與妻子交談的丈夫

情緒交流型對話最重要，必須認知婚姻生活是一項共同作業

夫妻

對話重點在質不在量

假日跟他說話時，他只是回一句「好累」就懶洋洋地躺著不動，吃飯時也是默默不語，面對這樣的丈夫，妻子忍不住懊悔地想**「我當初為什麼要結婚」**。根據某項調查結果顯示，在一般上班族的家庭裡，夫妻一天對話在三十分鐘以內的占四成，居第一名；第二名是一小時以內，占不到三成。

就數據上來看時間並不長，但夫妻的對話並非愈多表示愈好，因為**重要的不是對話量而是對話品質**，如果交談的內容都是「今天發生了〇〇」的**資訊交流型對話**，其實沒有太大的意義，真正需要的是能傳達到對方心裡的**情緒交流型對話**，這種對話才能認同對方的人格。

其實真正的問題是出在不論做什麼事都表現得毫不在乎。如果不論妻子如何訴說，丈夫就是不回應，或是隨便敷衍過去，都會讓妻子不滿（➡P102）。德蕾莎修女*就曾說過一句名言：**「愛的反面不是恨，而是漠不關心」**。如果最近丈夫對妳說的話都只是輕輕聽過，表示他對妳的愛或許開始變淡了。

重視並享受彼此的時間

比起假日都懶洋洋癱在家裡的男性，盡情享受自己樂趣的男性看起來更有魅力，但如果享受樂趣過度，同樣會讓人受不了（➡P90）。

＊**德蕾莎修女**　一九一〇～一九九七。一生為弱勢窮人奉獻，是一名了不起的修女、和平主義者、教育家，從一九七九年獲諾貝爾和平獎開始，得獎無數。

例如因為熱愛衝浪，一放假就到海邊去衝浪；或沉迷在騎自行車的丈夫，不斷換購昂貴的自行車來騎等等。這類行為在單身時期或許無傷大雅，但**婚姻生活必須考量家計的負擔與養育兒女，而且是夫妻必須共同進行的作業，這一點絕對要有認知。**

所以這種時候或許妻子也可以擁有自己的興趣，不但能有效解決問題，丈夫應該也不會有意見。不過在重視各自擁有自己的時間外，也千萬別忽略了夫妻共有時間的重要性。

資訊交流型對話與情緒交流型對話

即使是同一個話題，資訊交流型對話與情緒交流型對話所傳達的內容非常不同，要讓夫妻心靈相通，就應重視情緒交流型對話。

資訊交流型對話

如同工作上在報告業務一樣，只是單純傳達資訊。

明天有什麼事嗎？
下班後要舉辦○○的迎新會。
是嗎，我知道了。

▶ 感受不到對對方的關心。

情緒交流型對話

對對方提供的資訊表現出關懷與理解，甚至適時生氣，展現自己的情緒。

明天有什麼事嗎？
下班後要舉辦○○的迎新會，所以會晚點回來。
我本來想煮一頓好吃的給你吃。
抱歉、抱歉，我會再補償妳。

▶ 能感受到對對方的關心。

4

塗改記憶的妻子

為避免情勢不利於自己，有時妻子會塗改記憶

夫妻

男性會記住事實，女性會記住情緒

有時夫妻吵架會彼此不知道爭吵的重點在哪裡，這是因為先前不斷說明過，**女性是以情緒思考，男性是以理性思考**所致（⬇P46），但比較耐人尋味的是**女性與男性不同的記憶方式**同樣造成很大的影響。

舉例來說，當二人聊起約會當時的情景時，妻子回憶「那時從摩天輪看到的夜景真的很美」，但丈夫卻只想到「人潮擁擠真讓人受不了，吃一頓晚餐也花了不少錢」。

女性本來就不擅長依照順序來編排記憶，而是擅長以喜怒哀樂的情緒來記憶，因此比起所發生的具體事件，會優先以當時的感覺來回想。至於**男性則習慣以事實而非以情緒來排列記憶，情緒不過是回想時附帶的感覺**。

對於想共有感動的妻子（⬇P116）來說，丈夫只知道井然有序的說明當時的情況，卻完全不談令人感動的場景，當然會讓人生氣。

依自己的方便塗改記憶

聽到妻子說「那時候你說你就是喜歡我這個地方呢」，丈夫只是回答「我不記得有說過這句話」，或回答「是這樣嗎？」來矇混過去，對認定情緒記憶才是準確的女性來說，簡直不敢置信丈夫會有這種回答。

當妻子的人甚至有可能說「當初是你苦苦哀求，我才嫁給你的」，儘管這和事實不符，**女性也會在潛意識裡依自己的方便塗改記憶**，這是一種預防自己受傷的**自我防衛（防衛機轉***）。下次若夫妻再吵架，發現彼此的重點不一樣時，身為丈夫的人，或許有必要理解妻子的這種心理。

只要是能共同度過美好婚姻生活的夫妻，妻子就沒有必要塗改記憶，因為這樣的妻子深深被丈夫所愛，不會認為自己是個受害者。

防衛機轉的各種反應

防衛機轉通常會出現在潛意識裡，而且有各種不同的反應。

❶ 反向

採取與自己心情相反的行為，例如懦弱的人表現得很逞強。

❷ 轉移

壓抑愛、恨等情緒，採取其他被認為正確的目標或行為。

❸ 合理化（正當化）

找理由來合理化無法做到的事，設法讓別人接受，例如被甩的人拚命找對方的缺點。

❹ 退化情感

回到前一個成長階段，例如需求長期得不到滿足的人，講話會開始童言童語，只想逃避現實。

❺ 逃避

想藉由幻想或生病來逃避現實。

❻ 昇華

透過體育或藝術等活動來消除自卑，或將性衝動、攻擊衝動等慾望轉化為有益社會的行動。

＊**防衛機轉** 減弱或避開不安、罪惡感、羞恥等令人不快的情緒與心情，讓心理狀態穩定下來的作用，是任何人都有可能出現的正常心理作用。

5

將所有精力貫注在孩子身上的妻子

對丈夫與家庭的不滿、落寞轉化為替代行為

夫妻

忙於上補習班和學才藝

讓孩子從小就去上補習班、學才藝，把孩子打扮得非常時尚，一點也不輸給大人，這種非常熱衷在教育小孩的母親愈來愈多。

這樣的母親不僅會接送小孩上幼稚園或上學，也會陪著小孩去上補習班或學才藝，**從早到晚為孩子盡心盡力**，並對孩子學習的功課或才藝時喜時憂，只要孩子的表現不如自己的預期，就會設法激勵孩子，更進一步投注心力想協助孩子達成自己所設定的目標。

育兒原本應該是一件充滿趣味的事，但母親這種忘我的模樣，看在他人眼裡卻變得非常異樣，偏偏當事者深信一切都是為了孩子好，完全看不見周遭人的異樣眼光。

孩子是母親的寵物？

為什麼做母親的會如此溺愛孩子，不去理會孩子的意向，只顧一味地熱衷在教養小孩？

或許母親們會立刻回答當然是為了孩子好，但其實只是為了她們自己好。

因為她們想得到丈夫的認同、得到丈夫的愛、消除自己對家庭的不滿，**想透過將孩子當成寵物般溺愛的行為來填補日常不被滿足的寂寞**，這種情形稱為**替代行為**＊。實際上這類母親幾乎都沒察覺到自己內心裡的寂寞。

＊**替代行為（替代行動）** 原本的需求與願望不被滿足時，想透過替代的對象或方法來滿足該需求與願望的行為。

母親們這種自私的行為，往往會對孩子的成長有很大的影響，因為溺愛會過度保護，最終阻礙孩子以至於無法在精神上得到健全的成長，當然也就無法獨立，有些孩子甚至因此出現自戀狂（⬇P156）傾向。

身為丈夫的人，若發現妻子有過度溺愛孩子的情形，就該思考這**表示她對丈夫有所不滿**，一定要重新檢視夫妻關係與家庭環境。

溺愛的構造

溺愛是因為原本的需求不被滿足，為填補空虛的心靈才採取的行為，並非真正的愛，若說得直白一點，根本就是自私的愛。在此介紹常見的夫妻關係。

❶ 對丈夫不滿、某些需求不被滿足

- 丈夫表現得毫不關心。
- 丈夫很冷漠。
- 得不到丈夫的認同。
- 不被丈夫所愛。
- 想得到丈夫的認同。 等等

❷ 將對丈夫的不滿、不被滿足的需求轉換傾注在孩子身上

（當事者自認是為了孩子好）

- 每天帶孩子去上補習班或學才藝，非常熱衷在教育孩子。
- 對孩子的才藝活動很熱衷。
- 熱衷在幫孩子打扮，彷彿將孩子當成洋娃娃一般。

6 離婚的理由是「〇〇不合」

能否克服個性、價值觀、性生活的不合

夫妻

個性與價值觀本來就不同

明明是彼此相愛才結婚，有時卻不得不遺憾地選擇離婚，其中最常見的理由是**「個性*不合」**、**「性生活不合」**、**「價值觀不合」**，可以說這是離婚理由的三大不合。

第一個最常舉的理由「**個性不合**」，是既方便又很模糊的理由，「價值觀」也是一樣。其實**每個人的個性和價值觀都不同，有所謂的適性**。

談戀愛時，為了讓對方喜歡，會極力配合對方，也會表現出自己最好的一面，而且內心深處也覺得「只要結婚，對方就是我的人了」，但真的結婚後，因為會一直和這個人生活在一起，自然而然會不想再掩飾自己真正的個性和價值觀，這時才發現彼此的適性很差。

其實每個人的個性與價值觀本來就不同，只要懂得互相尊重彼此的差異，就能維持良好的夫妻關係。為避免婚後才出現「無法忍耐」的情形，交往時就應該讓對方看到真正的自己。

性生活是婚姻生活的一大基礎

至於「性生活不合」，由於性生活原本就是婚姻生活裡不可或缺的一大基礎，所以若夫妻對性生活的想法和態度不一致會如何？在此介紹幾個實際因此**被判獲准離婚的案例**。

①無法性交

因無法性交導致愛情消滅且無法繼續共同生活。但因疾病與高齡而無法性交者，不在此限。

②拒絕性交

因拒絕性交導致愛情消滅且無法繼續共同生活。若只單純拒絕性交，並不構成離婚的要件。

③異常性慾

縱慾過度，要求進行對方無法接受的性遊戲。

④潔癖

夫妻其中一方有異常潔癖的情形，對性生活非常厭惡。

⑤異常的性癖好（⬇P250）

夫妻其中一方要求進行虐待性（ＳＭ等）的性遊戲。

⑥同性戀者

夫妻其中一方是同性戀者，長期沒有和配偶性交。

⑦其他

因為遲遲無法生育，導致夫妻感情愈來愈差等。

戀愛心理見聞

什麼時候會覺得「價值觀不合」？

夫妻的價值觀會不同是理所當然的事，但若婚後才開始體會這種差異，就有可能造成莫大的心理壓力，下列就是其中幾個實例。

- 婚禮與蜜月旅行……彼此的習俗和禮儀不同
- 懷孕與生產……丈夫對懷孕沒有表現出喜悅之情、沒有慰勞妻子的辛苦
- 房子……想買房子的妻子、想租不買的丈夫、爭執著要不要與父母同住等等
- 孩子的教育問題……升學考試等等
- 妻子的工作……想上班的妻子、極力反對的丈夫等等

***個性** 心理學上將個性分別定義為性格（character）和人格（personality），性格是指一個人先天所具備的性質，可以解釋為遺傳上的特質，人格則是指在後天的環境影響下所培育出來的特質。後者還可分為因社會而形成的社會性格、配合目前所扮演的角色而形成的角色性格。

7 退休離婚增加的原因

當妻子們想得到自由並追求自立時，就會要求和丈夫離婚

夫妻

年金分割制度的導入也是一個誘因

長年一起攜手走過婚姻生活的夫妻離婚，被稱為**熟年離婚**，尤其是伴隨丈夫的退休而離婚的情形，又稱為**退休離婚**。近年來這種熟年離婚與退休離婚的案例有增加的趨勢（⬇左圖）。

背景原因來自社會看待離婚的態度已經改變，現代人幾乎不再對這種情形抱持偏見或歧視，尤其是二〇〇七年時，日本修正了厚生年金制度，導入所謂的厚生年金分割制度*。

沒察覺到妻子不滿的丈夫

據說不論熟年離婚還是退休離婚，都壓倒性的由**妻子提出分手**居多，表示在長年的夫妻生活裡，丈夫的不滿並沒有到達想要離婚的程度（或根本沒有不滿），但妻子的不滿已經到了無法忍耐的地步。

這種不滿當然包含了個性與價值觀的不合（⬇P186）、丈夫劈腿（⬇P226）、賭博、欠債等，但**最大的影響還是來自傳統根深柢固的夫妻相處模式**。例如男主外、女主內的傳統想法，依舊深深盤踞在潛意識裡，尤其是被稱為**團塊世代***的男人，直到今日仍認為丈夫握有主導權，妻子應該聽從丈夫，在這種情況下，丈夫對妻子顯得漠不關心，也從來不會對妻子說句慰勞的話，有時甚至會採取蠻橫的言行舉止，而妻子只能默默忍耐。

但時代已經變了，今日的社會環境已經進步到只

*　**厚生年金分割制度**　離婚時分配厚生年金的制度。夫妻離婚時，可以分配婚姻期間中的厚生年金（夫妻合計總額），至於分配比例則由當事者協調決定。

要女性願意努力，就有辦法自立的程度，因此在**丈夫迎接退休時，妻子們開始趁機追求自由，想要自立**。

另一個原因是丈夫退休後整天待在家裡，這一點也讓許多妻子無法承受，因為覺得自己愈來愈像幫傭，這也是引發離婚的一大導火線。

附帶說明，幾乎所有丈夫在妻子提出離婚之前，完全沒察覺到妻子已經累積了這麼多不滿。若不想遭遇熟年離婚、退休離婚，平常就一定要多關心妻子，努力加溫夫妻的關係。

選擇熟年離婚、退休離婚的理由

隨著時代的改變，人們對離婚的看法也不一樣了，導致熟年離婚與退休離婚愈來愈多。在此介紹其中幾個理由。

- 個性與價值觀、性生活等不合，或丈夫劈腿、賭博、欠債等。
- 受傳統家庭觀念束縛，一路走來始終只能被迫忍耐（認為妻子就應該負責照顧家裡，並聽從丈夫的話）。
- 隨著丈夫的退休，妻子也決定從「照顧家裡」的工作退休。

共同生活期間別的離婚件數推移表

	共同生活20年以上	共同生活35年以上
1985年	20,434件	1,108件
1995年	31,877件	1,840件
2005年	40,395件	4,794件
2010年	40,085件	6,194件

＊**團塊世代** 第一次嬰兒潮時期所出生的世代（一九四七～一九四九年出生的人，廣義來說則是昭和二十年代的一九四六～一九五四年出生的人），源自作家堺屋太一的小說書名《團塊的世代》。

提升戀愛力量講座《3》

當愛情冷卻下來，終將破局時

突然變心的理由

因為交了男友或女友而興奮不已的你，絕對不能大意，因為即使是交往非常順利的情侶，其中一方仍有可能突然態度轉變，甚至要求分手。到底發生了什麼事？究竟人的心為什麼會突然改變？在此整理出容易引發這種情形的狀況。

女人會突然對男友清醒的狀況

- 發現他的體貼原來只是優柔寡斷。
- 永遠主張各付各的，拚命收集優惠券，太小氣。
- 說得到做不到，總是在找藉口。
- 會突然發飆，還會砸東西，出現DV傾向的一面。
- 經常將「我媽媽」掛在嘴邊，明顯是個媽寶。
- 上床時淨要求些奇怪的行為。
- 在餐廳裡對店員的態度高高在上，還自以為這樣叫MAN。
- 才剛交往沒多久，就拐彎抹角的提起結婚與生小孩的話題
- 吃相很難看，嘴裡還塞著東西也要講話。
- 太神經質，相處起來很累。

男人會突然對女友清醒的狀況

- 去她家（房間）發現東西都亂丟，髒亂不堪。
- 無法坦率說出「謝謝」、「對不起」。
- 在捷運裡也會張開嘴巴呼呼大睡。
- 平常都化濃妝，一卸妝就讓人倒胃口。
- 「你那時也是這樣」，隨時在翻舊帳。
- 毫不猶豫的開黃腔，似乎沒有絲毫羞恥心。
- 不懂基本的餐桌禮儀，感覺家教很差。
- 很任性，以為男人凡事都應該聽女人的。
- 老是在炫耀家人，以及自己的交友關係。
- 要求對方配合她獨特的時尚感。

簡單來說，只要在錢的用法、愛情、生長環境、興趣等方面有落差，就會覺得彼此的個性與價值觀不合，進而察覺「交往不會順利」，可見相似法則與配對假說（➡ P64）果然很重要。

PART

5

從口頭禪看出對方的戀愛心理

頻繁使用主詞「我」

很會主張自己，屬於堅持己見的人

強烈主張自己的意志

「我愛你」的英文是 I love you，而幾乎所有英文對話裡都會有主詞，但日文就幾乎不會如此表達，所以不會用主詞來說「我愛你」，簡單地說，日文很少用主詞來對話。

儘管如此，仍**有些人在日常生活裡會頻繁用到「我」這個主詞**，例如「前陣子我打工時出了一點狀況，雖然我不認為我的做法有錯，不過我發現我的確變圓融了」，對話中頻繁用到「我」這個主詞。會如此頻繁使用主詞，通常是**想表示「我和其他人不同」**，換句話說，是**自我主張、自我顯示慾**＊**很強**的一種表現。

敢自我主張的人，通常給人一種值得依靠的感覺，尤其在會議上更是明顯，但如果經常表現在與女友或男友的對話裡，雖然能讓對方覺得可靠，另一方面也有可能讓對方覺得很煩。

若發現對方皺眉頭，即使只是一瞬間，也要提醒自己「啊，我被對方討厭了」，不過遺憾的是，通常自我主張愈強的人，愈不容易察覺到對方的這種反應。

「惠莉想⋯⋯」習慣用自己的名字來稱自己

另外還有一種女性講話時很習慣**用自己的名字當主詞**，例如「惠莉想吃法國菜」，如果是小時候說

＊**自我顯示慾**　想對周遭與社會強調自己存在的慾望，比「自我主張」更明確，但常常被用做負面語詞。

「惠莉想要那個」，或許可以認為是自我正在成形，但若是一個成熟大人還嗲聲的說「惠莉想」，恐怕只是想引人注意而已。

不過這種女性通常都能有效魅惑男性，因為男人一向對懂得撒嬌的做作女很沒轍（➡P134）。

會說「因為我是個○○的人」為自己下定義

女性常說的口頭禪之一就是**「因為我是個○○的人」**，所以聽到女性說「我是個無法接受那種事的人」時，相信有不少人會很不耐煩地想回一句「那又怎麼樣」或「關我什麼事」吧。

女性這句「我是個○○的人」，聽起來是**在為自己下定義**，但其實能客觀評論的人並非自己，而是周遭的人與他人，但女性卻會自己為自己下定義，才會讓人覺得神經太大條。

例如當女性對男性說「因為我是個自尊心很強的人」時，男性恐怕心裡會想「簡直就是在說妳自己是個很花錢的女人」。

戀愛心理見聞

內向的人要訓練自我主張

要在社會裡順利發展人際關係，與他人共同生活下去所需的能力稱為社交技巧（social skill），其中包含發展人際關係的技巧在內。

不擅長自我主張的人與內向的人，有時會進行名為自我肯定訓練（assertion training）的行為療法，也就是要訓練自我主張。這種行為療法原本是用來治療神經症（焦慮症）病患，現在已推廣到公司組織裡。

這種訓練主要在學習如何表達自己的意見，同時透過團體課程學習接受對方相反意見的態度，對充滿攻擊性的人來說，也是有效的訓練法。

2 即使已經很熟，講話還是很客氣

要縮短二人的距離，就要找機會將講話語氣從客氣轉為熟稔

到底是尊敬對方？還是提防對方？

面對長輩、主管、初次見面的人，理所當然講話會很客氣，因為這是常識，同時代表對對方的尊敬，但當**彼此關係親近後**，**若講話還是很客氣**，**就會顯得很不自然**，也容易讓對方感覺「彼此還存在無形的隔閡」。

換句話說，容易讓對方誤以為**你對他並沒有太大的好感**，**講話才會始終顯得很客氣**。當然也有可能只是因為你**不隨時與對方保持距離就會覺得不安**，**是一種提防對方的表現**。

尤其是男女間的關係，到底要從什麼時候開始從客氣語氣轉為熟稔語氣*，有些人始終掌握不到時機，只能持續講得很客氣，結果遲遲無法縮短二人的距離。

什麼時候可以改為熟稔語氣？

若對方是年長男性，通常女性講話都會很客氣，例如被邀「下次一起去看電影吧？」時，會回答「好的」，而不是回答「嗯，好啊」。到底什麼時候開始才可以改口說「嗯，好啊」？答案雖然因人而異、因狀況而異，但不妨先回答「嗯，好啊」，再趕緊補一句「啊，對不起」，對方就有可能回應「不用道歉，我比較喜歡妳這樣回答」，就能不著痕跡地解決問題。

相反地，若對方始終不改口，講話一直很客氣，

＊**熟稔語氣**　認為自己與對方平起平坐，甚至立場比對方在上的講話方式，或自認與對方很熟時的講話方式。

或許就該考慮**對方也許不打算接受你**，此時就應大刀闊斧，早早放棄比較好。

不過話說回來，也有一些人即使面對初次見面的人，講話也顯得非常熟稔，這種時候通常只會得到反效果，就像交情還不夠好的男性，如果突然問「我問妳，妳今天有空嗎？」女性一定會很不舒服，心想「這個人是怎樣啊，肉麻兮兮的」，除非是原本個性就如此，周遭的人也都知道他是這樣的人，那麼當她聽到這種問話時，或許就不會太排斥。

講話語氣要客氣？還是要熟稔？

當原本講話都很客氣的男女，語氣開始變得熟稔時，表示二人已經大幅拉近彼此的距離了。到底哪種時候講話語氣可以熟稔？什麼時候不適合呢？

適合熟稔語氣的情形

- 彼此已經是朋友時
- 男性（女性）比女性（男性）年長時
- 男性（女性）比女性（男性）立場在上時
- 原本就習慣以熟稔語氣和人講話的人（輕浮男等）

我說妳……
幹嘛？

熟稔語氣會讓人不愉快的情形

- 剛認識不久時
- 還沒接受對方時
- 對方比自己立場在下時
- 對方比自己年輕時
- 對方表現出輕視的態度時

才剛認識而已就這麼肉麻
下次一起去喝酒啦！

3

很愛賣弄艱深語句的男人

過度使用艱深語句或外語時，也會得到反效果

利用艱深的外語來彰顯知性

曾經有一位作家問女明星「妳知道薔薇兩個字怎麼寫嗎？」說完後立刻在紙上寫下「薔薇」兩字，讓女明星當場對作家崇拜不已。類似的情形就是**當男性說出艱深的語詞時，女性會忍不住崇拜男性**。

例如男性對政治經濟很瞭解，或對世界情勢很清楚時，女性就會覺得這個男性「好帥！」但若**耍帥過頭，只會得到反效果**。

最典型的例子就是**很愛賣弄外語的男性**，例如「今天的 conference（會議）上，我們的 opinion（意見）變成 minority（少數）」——讓人搞不懂他到底在講什麼。由於近年來有些公司內部會以英文交談，所以除非是在這種公司上班的人，或許就會覺得這句話不難懂，否則基本上會賣弄外語的男性，只是想展現自己的厲害，儘管實力其實沒那麼強。

簡單地說，這是想**讓自己看起來充滿知性的「知性化*」心理作用**所致，目的是要讓女性覺得自己「好了不起！」，但其實是一種**對自己的實力很沒有自信的自卑表徵**。

不著痕跡展現知性來吸引女性的方法

其實有一種方法既可以展現自己的知性，又不會讓人覺得討厭，就是不要濫用艱深語詞和外語，只適時在對話中不著痕跡地加上幾句就好。例如觀看足球比賽時說句「哎呀，今天的比賽真是令人痛

＊**知性化** 將所有人都能懂的話，刻意用艱深語詞表現，以展現自己知性的心理。這樣的人通常也具有無法直視自己，只懂得躲進自我想像世界裡的傾向。

快」，或看到她處理事情非常簡潔快速時，誇獎她一句「妳做事很有效率，很懂得快刀斬亂麻」等等，適時加入一句有點深度的語詞就好，光是這樣就足以讓她對你心動了。

另一個技巧是偶爾展現自己是個愛看書的人，例如對她說「借用芥川龍之介小說裡的一句話，這就叫真相隱藏在藪中（真相不得而知）」，相信她一定會立刻回應「咦？這是什麼意思？」。

稍稍展現知性來吸引女性的方法

艱深語句和外語要偶爾使用，才更能發揮關鍵作用。

外語（例）

catharsis

➔ 宣洩、精神淨化作用

我看這部電影，覺得心靈都受到淨化了。

identity

➔ 自我認同、對自我價值的評量

我的自我認同到哪裡去了？

四字成語（例）

四面楚歌

➔ 孤立狀態、周遭全是敵人

我現在是四面楚歌啊。

朝令夕改

➔ 不斷改變方針

妳又變更妳的瘦身計畫啦？妳真是朝令夕改啊。

諺語（例）

君子不立於危牆之下

➔ 不靠近危險

一定要謹慎小心，因為君子不立於危牆之下。

舒暢痛快

➔ 鬱悶心情得到紓解、心情暢快

能贏過那一隊，真是舒暢痛快。

4

「我的男人運很差」

其實只是為自己沒有看男人的眼光找藉口，應努力改變戀愛方式

很沒有男人運，只會交到無用男

大家是否有聽過女性朋友抱怨說**「我的男人運真差」**，或私下批評某人「她的男人運真差」呢？相對地很少聽到男人抱怨「我的女人運真差」。

到底女性在什麼時候會覺得「男人運差」呢？或許不外乎交往中的男友劈腿、男友是個DV、男友沉溺於賭博等等，而且不知為何老是會與這種無用男交往，才會覺得自己男人運很差吧（➡P146）。

男人就應該帶給女人幸福、求婚應該由男人主動……，被這種舊觀念束縛的女性，因為大都採取**被動的態度**，所以只要發現男友其實並不愛她，甚至對她很壞時，就會深深覺得**「被背叛」**、**「很失望」**。

簡單地說，這樣的女性會認為一切都是男人的錯，並將自己認識這種男人的不幸，視為自己的「運」不好。

但戀愛應該是彼此相愛，而不是只由其中一方接受另一方的愛，既然一開始是因為喜歡才交往，那麼決定要不要愛當然是女性自己的問題，換句話說，這種情形完全是女性沒有看男人的眼光罷了。

如何提高男人運？

如果一味採取被動的姿態，成天只會哀嘆「沒有男人運」，恐怕終其一生也很難提高男人運。

首先，應設法**培養自己看男人的眼光**，好好審視

自己，以往是否都陷入相同的戀愛模式，然後好好反省總是愛上無用男的自己，設法改變自己的行為模式。

好好傾聽周遭人的意見也很重要，相信以往一定有人告訴過妳「最好別和那種男人在一起」，只是妳自己堅持「沒有這回事，是你不瞭解他啦」。既然事後證明周遭人的意見才正確，那麼今後就應該好好傾聽這些意見。

至於另一種**遲遲交不到男友的「沒有男人運」**，就要設法**為自己製造與男性交流的機會**。或許應仔細回顧看看，是否自己太內向？因為過度忙於工作而沒有時間與人約會？千萬別覺得麻煩，只要有人邀約，應盡量參加聯誼*或同好會等活動，積極給自己一個露臉的機會。

戀愛心理見聞

什麼樣的女性是能提升男人運氣的「幫夫女」？

與某位女性交往後，男性的運氣就一路看漲時，我們會形容這名女性是個「幫大女」，相反地，交往後男性的運氣一路下滑時，我們就會揶揄這名女性是「剋夫女」。

在女性哀嘆沒有「男人運」的同時，男性也很在意「女人運」，尤其想弄清楚女性是「幫夫女」還是「剋夫女」，衷心想和「幫夫女」交往。對男人來說，「幫夫女」就是能幫男性照顧好家庭，好讓男性全心全意在工作上衝刺的女性。簡單地說，就是不嘮叨也不依靠男性，能讓男性自由發揮的自立女性、很懂事的女性，唯有這種女性才能幫助男性成長，集中精神在事業上。

＊**聯誼** 原本指為加深同伴的感情而聚在一起吃喝的宴會，今日則常用來指提供機會讓一群男女彼此認識的餐會。

5 很愛炫耀

想彰顯自己是很有價值的人，炫耀純為虛榮

自尊與自戀

有些人根本沒人問起也會主動炫耀自己，例如「我雖然是念理工科的，不過我當初要考大學時，學校老師說我的程度應該去考醫學系呢」，或「我爸是大學教授，我叔叔是律師，我媽是千金小姐，我出自很有名望的家族呢」，這樣的人隨時都想「被人認同」、「被人誇獎」，希望聽到的人能回他一句「好厲害喔」、「你果然與眾不同」，唯有**得到對方這種反應，才能讓他感覺自己是一個很有價值的人**，這種心理稱為**自尊***。

相反地，當一個人**自尊過低時，也有可能因為虛榮心***（自我顯示慾⬇P192）**作祟，讓他想彰顯自己看起來比實際有能力**，才會向人炫耀自己。社會上將擁有這種心理狀態的人稱為自戀（⬇P156）。

不論哪種情形，都有**不擅長體諒他人想法**的傾向。

一般來說，通常是男性比較愛炫耀，即使是談戀愛，也會因為潛藏著自卑感的緣故，想在女友面前彰顯自己的好，於是忍不住在女友面前炫耀。對女友來說，即使剛開始會覺得很佩服，久而久之也會逐漸察覺真實的情況，發現他其實沒那麼有內涵，說不定會因此慢慢遠離他。所以男人們要因為虛榮心而炫耀自己時，一定要拿捏好分寸，千萬別過度了。

***自尊**　認同自己基本價值的感覺，認為自己是無可取代的存在，肯定自己存在價值的想法，也就是一般所謂的「自尊心」。

想彰顯自己比實際了不起時常說的話

想彰顯自己比實際了不起時，常常會說得比較誇大，也就是所謂的「吹噓」。在此來看看有哪些常聽的口頭禪。

要我說的話，那傢伙
根本就是個二流貨

完全不說自己的缺點，只會貶低他人，藉此得到快感。

那傢伙根本沒料

這裡的「料」當然是指「能力」，藉由批評別人「沒料」來彰顯自己的能力。

抱歉！工作太忙了，
沒辦法去找妳

強調「忙的人＝很有工作能力的人」，但其實有時是因為沒有能力在時間內處理完工作，才被迫很忙。

我就知道
那傢伙一定會失敗

語氣裡充滿「要是他肯來問我意見就不會失敗了」、「我說的果然沒錯」的心態。

去幫我
影印一下這個吧？

「去幫我○○吧？」、「可以去幫我○○嗎？」表面上看似在請求別人幫忙，其實是在下命令，語氣中充滿不容對方反抗的威嚴。

這才叫炫呀

象徵地位很高的語詞，充滿優越感，喜歡利用信用卡、房子、車子來彰顯自己的地位，但在面對其他地位高的人時則不敢吭聲。

＊**虛榮心**　想彰顯自己比實際還有能力的心理。虛榮心（自我顯示慾）與執著心可以說是自我的兩大代名詞，英國思想家托馬斯・卡萊爾（Thomas Carlyle）曾說「虛榮是虛偽的產物」。

6

「就先」、「基本上」

不是出自沒自信的自我防衛反應，就是想強迫對方接受的戰略

「湊合」、「將就」之意

到居酒屋去時，大家最先說的應該都是「就先來杯啤酒」吧，這種「**就先**」表示「**還沒充分決定**」，具有「**無法充分應對事態**」的意思。

簡單地說，大家都是在「**湊合**」、「**將就**」的心態下點啤酒喝。另一句「基本上」也具有同樣的意思，甚至有些人的口頭禪就是「就先」、「**基本上**」，所以被問到「我提交的文件沒有問題吧？」時，會回答「基本上沒問題」——讓人搞不懂到底是好評價還是壞評價。「你就快點執行這個工作吧」、「基本上我已經在執行了」——每次聽到這種回應，總讓人忍不住心想，交給這個人執行真的沒問題嗎。

會經常說「就先」或「基本上」的人，通常都**對自己所說的話沒有自信**，為隱藏這一點，才想利用語詞來矇混過去，這種情形在心理學上稱為**自我防衛反應**＊（⬇P183）。

如果你的情人有這種口頭禪，或許得懷疑他是個態度模糊、沒什麼責任感的人。

「就先談個戀愛」很危險

有些人會因為沒有男友或女友而感到寂寞，在「**就先談個戀愛再說**」的草率心情下，輕易答應異性的邀約，但因為原本就不是抱持認真的心態接受邀約，所以會覺得對不起對方，若對方也察覺到這

＊**自我防衛反應**　亦即防衛機轉。在精神分析領域裡，因不安等情緒而想保護自己的行為稱為「防衛」，是所有人都會有的正常心理作用，通常會表現在潛意識裡。

一點，很容易因此受傷。這種時候的戀愛絕不會為二人帶來幸福的關係，所以千萬不要有**「就先談個戀愛」**的想法。

相反地，面對自己根本不喜歡的異性時，如果因對方說「沒關係啦，就先交往看看吧」，自己也因此抱持「好吧，就先試試看」的心態與對方交往，就會落入對方「就先談個戀愛的戰略」陷阱裡，導致最後無法說NO，所以一定要隨時提醒自己，看穿對方隱藏在「就先」背後的真意。

自我防衛反應下的種種藉口

人們在自我防衛反應（防衛機轉）下，會潛意識地想保護自己，因此脫口說出藉口。在此介紹幾個來自防衛機轉下的主要藉口。

❶ 合理化

找一個看似理由非常充分的藉口，來合理化自己的行為。

例 狐狸在森林裡發現了葡萄，為了摘葡萄不斷跳躍，但就是搆不到，於是說了一句「這一定不是甜葡萄而是酸葡萄」後就走了。

❷ 壓抑

儘管已察覺到自己的缺點或錯誤，卻逃避不去面對，裝做沒注意到而強壓下去。

例 因為劈腿被他發現而被他甩了，卻說「真倒楣被他發現了」，將原因歸咎於別處。

❸ 投射

不願承認自己內心裡的某種情緒時，反過來認定對方有那種情緒。

例 和他吵架了，明明是自己不對，卻認為「都是因為他不好才會吵架的」，想合理化自己的行為。

7 「因為」、「可是」、「反正」

找藉口，不想負責任的人

吹毛求疵型的抱怨

女性應該常說這句「因為」吧，這句話往往具有下列特徵。

①加強「因為」的語氣

例如和他約會遲到時，被他逼問卻反過來強硬回答「我有什麼辦法呀！因為我等的捷運列車一直不來啊」，**為合理化自己的行為找藉口**，即使這個藉口說不過去，也以為只要特別用力說「因為」這句話，對方就會放過她。

這類女性**不找藉口絕不善罷甘休**，偏偏男友通常也只是心想「真是的，又來了」而放過，因為若指謫她說的理由有問題或不合理，可能只會讓她更生氣。

②拖長「因為」的尾音

有時女性會嗲聲的拖長這句話的尾音，例如「因為啊，我當時是那麼想的嘛」，其實**只是在向他撒嬌**，這時的女性大概都會稍微歪著頭，並抬頭看著他說話。這樣的女性到底是可愛還是讓人覺得火大，完全看你的想法。

不過話說回來，**「因為」這句話充滿藉口與轉嫁責任的味道**，對男性來說，或許最怕有這種口頭禪的女性吧。

「可是」這句話也一樣，也有「可是！」、「可是呢」、「可是啊」的不同用法，但都和「因為」一樣，常被用來當成藉口。不論①還是②，都屬於**吹毛求疵***型的抱怨。

讓人聽了很不爽的「反正」

「反正我就是○○」的說法，等於在告訴對方**「我是個不值得被愛的人」**，因為接在「反正」之後的話都是負面的話，容易讓周遭的人聽了不悅。不論談戀愛還是人生，態度消極的女性一定要先改掉這種口頭禪。

「因為」、「可是」、「反正」三句話

「因為」、「可是」、「反正」都是用來反駁對方時所用的語詞，後面接的也多是負面語詞，聽在對方耳裡當然不可能開心。

「因為」
咦？妳沒有幫忙查一下這次要去旅遊的事嗎？
因為每次都是你負責查的啊。
「可是」
這星期天開車去橫濱兜風吧？
可是絕對會塞車，一定會很累。
「反正」
奇怪？妳今天很早到喔？
反正我在你眼裡就是很會拖拖拉拉。

＊**吹毛求疵** 也就是「雞蛋裡挑骨頭」，意指連芝麻小事也要找出錯誤來批評。

8

「總覺得○○」、「應該說○○」

講得很模糊，是不想節外生枝的世代愛用的話

根本就是語意不明

有些人很愛說「**○○之類的**」，例如「我今天的品味好像還滿高……之類的」，或「去問問看老師好了……之類的」——根本就是語意不明。

「**總覺得**」這句話也很常聽，例如「總覺得今天天氣還不錯」——根本就像是發語詞。「總覺得」原本來自「有這種感覺」，代表「似乎」、「應該是」的意思，但現代人經常不這麼使用。

另外還有一句「**應該說**」，原本是在聽到對方的話後，**想反駁而回答「與其這麼說，應該說是」，或想提出別的意見時所用的語詞**，但現代人根本不是要反駁對方，卻很愛用這句話來回應。

故意講得很模糊

這種偏離語詞原來的意思，完全用在不同地方的做法，可說是年輕人用語的特徵，而「之類的」、「總覺得」、「應該說」都**讓人感受到年輕人在潛意識裡想製造曖昧*說法的意圖**。年輕人會故意講得很模糊，主要是想**避免無謂的對立**。或許可以說這是不曾經驗過嚴肅議論或充滿緊張感的場面的世代，所創造出來的語詞。

但如果使用過度，很容易讓對方誤會是在瞧不起人，更容易被誤以為是不想好好溝通的輕浮女（男），一定要多注意。

＊**曖昧**　無法確定屬於哪一種意思，聽起來都有可能的狀態，等於「令人懷疑」。「曖昧含糊」是指事物不清晰的狀態。

各種曖昧的語詞表現

年輕世代偏愛使用各種曖昧的語詞表現，在此舉其中幾個例子，但因為幾乎都是語意不明，所以可用在任何場合。

〈○○之類的〉

我說你們到底在做什麼啊……之類的。

原本意指「我覺得你們好像在做○○之類的」，卻只留下「之類的」。有時也會說「我覺得○○之類的」。

〈不是○○嗎？〉

我不是很喜歡喝咖啡嗎？

明明應該以肯定句說「我○○」，卻刻意用疑問句來表達。

〈總覺得〉

總覺得那個人還不錯呢。

不乾脆說「我覺得」或「我認為」，刻意留下曖昧空間。

〈什麼的〉

要開個什麼會來討論嗎？

明明要表達「要不要開會討論？」卻刻意加上「什麼」來模糊空間，主要目的就是不想給人一種「我很想開會討論」的印象。

〈也許〉

我也許會想看那部電影。

主詞既然是自己，當然就該陳述自己的期望，卻刻意加上「也許」兩字，同樣是要避免承擔發言的責任。

〈應該說〉

A和B哪個好呢？
應該說C比較好吧。

有時會如例句般用來斷然否定對方的提問，但通常還是多用來結束對話的發展而已。

〈○○系〉

他是個療癒系的人呢。

療癒系、萌系、卡哇伊系。若直說「我能療癒人」，會讓人覺得很自大，但只要改說「我是個療癒系的人」，即使意思不明確也能被接受。

9

「真的假的？」、「不會吧！」

用誇張的反應來緩和氣氛，是很能掌握狀況的人

意義已經轉變的「真的假的？」

「真的假的*？」這句話早已滲透到人們的日常生活裡，例如「慘了，聽說颱風會直接侵襲過來」、「咦？真的假的？」或「真的假的？這下我完了」、「真的假的？我都不懂」等等。

這裡的「真的假的？」，原本意指「是真的」、「一點也不假」、「不是在開玩笑」，但現在大多都被當成**「真的嗎？」**來使用。

除了這句「真的假的？」之外，另一句**「不會吧」**同樣成為許多人的口頭禪，例如「聽說會有強震」、「不會吧」的對話內容，雖然乍聽之下是在質疑，但其實並非真的懷疑對方所說的話，**多數時候純粹是誇張的反應罷了**。

女性就常說**「不會吧！我真不敢相信！」**，或聽到有人說「我跟妳說，聽說○○交了男朋友」時，立刻回答「不會吧！」，這都是誇張的反應，純粹要表達自己的驚訝而已。

服務精神旺盛

會說「真的假的？」「不會吧！」的人，在說這句話時的表情也一定都很誇張，因為只要採取誇張的反應，對方就會很開心。簡單地說，這樣的人同時也是懂得**炒熱現場氣氛，讓周遭氛圍變溫和**的人，等於是**服務精神旺盛**的人。

但如果在女友面前仍然不斷講「真的假的」，恐

＊**真的假的**　據說是江戶時代的藝人在休息室裡所用的語詞，也有一說是從一九八二年近藤真彥的歌曲《Highteen Boogie》裡的歌詞流行開來。

怕就會讓女友覺得「真的假的，這個人煩不煩啊」。如果和女友獨處，最好還是表現出沉穩的一面，這樣的落差說不定會讓女友重新愛上你。

實際上懂得掌握狀況的人，尤其是男性，都是自己一人獨處時懂得享受寧靜氣氛的人。當然由於平常免不了會累積疲勞，有可能在女友面前忍不住露出不悅的一面，如果此時女友能理解他的這一面，二人的關係就能順利發展。

無法理解年輕人的用語？

每個時代的年輕人都會發展出他們自己的新語言，其中有些語言過了流行就會被淘汰，也有些語言會廣被大家接受而固定下來。

例	意味	用途
西洋芹男	賣剩的男人	女性用來評斷男性的語詞
辣妹男	有如辣妹般的男人	
勤作女	勤奮工作的女性	指從事行政工作的粉領族
優作女	優雅工作的女性	
相當	非常、很	誇張的表現、強調用的表現
極		
徹底		
超		
激		
鬼		
超級		
終極		
醜哥	帥哥的相反詞	將既有語詞重新搭配成新的語詞
灰男	個性灰暗的男生	
機號	手機號碼	
可吃	可以吃、敢吃	打破文法規則
全然沒事	完全沒問題	
噁心叭啦	覺得很厭惡	擬聲語、擬態語
出局	不行、很遜	借用既有的外語
美式	如美式咖啡般頭髮稀疏、沒有內涵	
跟鞋	高跟鞋	簡略說法
薪資男	上班族男人	

10

女人最愛講「卡哇伊」

要讓女性喜歡，就設法讓她覺得你「卡哇伊」？

只要是喜歡的東西，全都覺得「卡哇伊」

一般來說，**「卡哇伊*」**是用來指「小巧美麗」、「值得憐愛」，所以我們會說「卡哇伊的孩子」、「卡哇伊的花朵」，但年輕女性卻將「卡哇伊」當成驚嘆詞用在各種地方。

例如出去逛街買東西時，不論看到什麼都會大喊「這個好卡哇伊」，明明日文裡有「漂亮」、「美麗」、「時尚」等許多形容詞可以用，或乾脆直接說「顏色很好看」也行，但年輕女性連設計典雅的東西都會說是「卡哇伊」，顯見**只要是「喜歡的東西」就會說「卡哇伊」**。

另外還有一句叫**「噁心到卡哇伊」**，意思是「雖然看起來有點噁心，還是很可愛」，表示這個東西深受年輕女性喜愛。

不過經常將「卡哇伊」掛在嘴邊的並非只有年輕女性，有些五十多歲、六十多歲的熟女照樣會使用，表示這句話早已滲透到女性生活裡。

不僅如此，「卡哇伊」還逐漸以**「KAWAII」**的姿態成為世界共通語，尤其是代表日本卡哇伊的藝術、時尚、商品、動畫等資訊，早已透過網路傳遞到全世界。

男性「卡哇伊」的地方在哪裡？

年輕女性當中，也有些人會對年長男性說「卡哇

＊**卡哇伊**　日文的很可愛的意思，在台灣已經全面流行，甚至連外國也開始流行KAWAII一詞。

伊」，此時指的是「可愛（有魅力）」，也有「喜歡」、「中意」的意思，因為對年輕女性來說，此時並沒有「說客套話」的感覺。

有時面對戀愛對象的男性也會說「卡哇伊」，雖然對男性來說，或許寧願聽女性說他「很帥」，因為「卡哇伊」聽起來彷彿將他當成寵物般看待，甚至有點貶低他的感覺，聽起來不是很舒服，但今日女性嘴裡的「卡哇伊」幾乎已經等於是喜歡他的意思了。

那麼哪種男性會讓女性覺得「卡哇伊」？例如男性因為有點出糗而露出靦腆的笑容時，也就是平常**看似很可靠的男性，突然露出需要人保護的一面時，那種天真無邪的笑容，在在給人坦率又真誠的感覺**，大概就是這些地方吧。

簡單地說，眉清目秀、體育全能、頭腦清晰、個性善良的完美男，並無法成為女性眼中「卡哇伊」的對象。

如果能讓女性覺得「卡哇伊」，就有可能從好印象開始發展出戀情來。

戀愛心理見聞

非帥哥的「男子漢」同樣很搶手

「男子漢」是指擁有男人味的長相與態度的男性，也常出現在女性的對話裡，但相對於「帥哥」是指外表帥的男性，「男子漢」多用來指態度很有男子氣概的男性，例如「他雖然長相普通，卻是個男子漢呢」。可見提高「男子漢」的層次，同樣能受女性歡迎。

另外如「男子漢」般的女性同樣很受歡迎，實際上就有一些女性會被男性讚美「妳真有男子氣概，讓妳當女人真是可惜了」，甚至也有女性同樣喜歡這種大方的同性。

提升戀愛力量講座《4》

忌妒過頭與完全不忌妒都不行

吃醋的程度最剛好

忌妒心是每個人都會有的情緒，不論在職場上還是在學校裡，戀愛時就更理所當然了。忌妒會以夾雜憤怒、憎恨、害怕、懊悔、厭惡、悲傷等情緒的方式呈現出來，但有些人的忌妒心很強，有些人則不然，這當中到底有什麼差異？

忌妒心強的人

- 對自己沒有自信，隨時都在擔心「會不會被甩」。
- 由於自己有很強的劈腿慾望，所以懷疑對方會不會已經劈腿了。
- 競爭心很強。
- 曾經被劈腿過。

不太會忌妒的人

- 對自己很有自信。
- 堅信彼此互相信任。

如果情人是個完全不會忌妒的人，或許就得懷疑他是否真的愛妳，因為只要是情侶，一定或多或少會有忌妒心，也就是「吃醋」，這也是很正常的心理，而且被吃醋時，能因此再度確認「對方是真的愛我」，自己也會更愛對方。

當然也可以利用忌妒心讓對方注意妳，但需要一點技巧，如果告訴對方「有好多人對我有意思」，只怕對方會很乾脆的放棄，那就得不償失。不妨多充實自己，讓對方焦急地認為妳「有可能被其他男人捷足先登，絕不能被搶走」。

PART
6

潛藏在男人、女人謊言下的心理

謊言的種類

有惡毒的謊言，也有為維持良好人際關係所需的善意謊言

維持良好人際關係的潤滑劑

談戀愛時，有些人會為了在情人面前表現出好的一面而不懂裝懂，也有些人明明是第一次戀愛，卻裝做情場老手，更多人是忍不住對情人說謊。

德國心理學家斯特恩*（William Stern）將謊言定義如下：**「謊言是企圖以欺騙方式來達到目的的一種意識性虛假發言（口述）」**。我們從小就被灌輸「現在說謊，以後會當小偷」的觀念，被教導說謊是要不得的事。事實上今日的確到處都有專門在騙人的詐騙集團，說的謊都非常惡質，但另一方面也有像說好聽話一樣，並**不會造成對方任何困擾的謊言**，而且這種謊言都具有維持良好人際關係的潤滑劑效果。

謊言可以分為十二種

謊言有各種不同的類別，也能依內容有各種不同的分法，但就針對東京都內的大學生和社會人士所做的調查結果來說，大致可分為下列十二種：

①**設防火牆**、②**合理化**、③**逃避責任**、④**利害關係**、⑤**撒嬌**、⑥**隱匿罪行**、⑦**能力與經歷**、⑧**虛榮**、⑨**關懷**、⑩**開玩笑**、⑪**誤解**、⑫**毀約**（⬇左圖）。

不妨分析看看自己的謊言屬於哪一種，背後又隱藏了什麼樣的心理。

＊**斯特恩**　德國出身的美國心理學家，是知名的人格理論研究家，也提倡有關發育的聚合理論和IQ（智商）等概念。

人們會在這種時候說謊

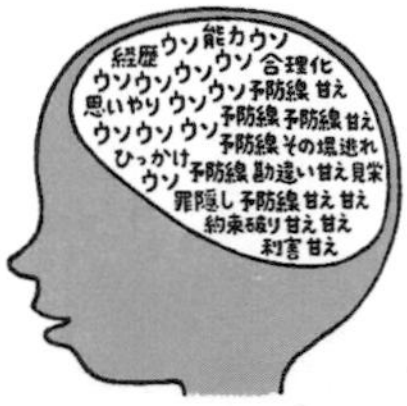

不論出自刻意還是出自潛意識，人們會在各些謊言內容，會發現可歸類為下列十二種。

1 設防火牆

為避免可能發生的問題而說謊。

2 合理化

當已發生的事被追究時，為找藉口或辯駁而說謊。

3 逃避責任

被追究責任等時，為逃避責任而說謊。

4 利害關係

為讓自己得到好處或立場比較有利而說謊。

5 撒嬌

希望對方能理解並維護自己而說謊。

6 隱匿罪行

為隱瞞自己犯的錯而說謊。

7 能力與經歷

捏造自己的能力或經歷，想讓自己位居優勢而說謊。

8 虛榮

為讓自己看起來更了不起、更耀眼而說謊。

9 關懷

認為若說實話會傷害到對方，為避免發生而說謊。

10 開玩笑

為讓彼此能一笑置之而說的揶揄或玩笑話等。

11 誤解

因常識不足或誤解，就結果來說變成謊言。

12 毀約

沒能遵守約定，就結果來說變成謊言。

摘自山梨醫科大學紀要的《人際關係裡的deception（謊言）》（澀谷昌三）

2

男人與女人，誰比較會說謊？

女性比男性會說謊，也有更高的動機說謊

有八成以上的女性說過謊

或許應該說世界上沒有人不曾說過謊，只是若就抱持某些意圖而刻意說謊的情形來看，男女間多少有些差異。

在針對東京都內的大學生和社會人士所做的調查裡，回答曾說謊（能回想起來的謊言、印象深刻的謊言）的大學生當中，男性有64%、女性有86%，社會人士當中，男性有72%、女性有85%，兩者都顯示**女性說謊的比率高出男性一、二成**。

另外在以往曾說過哪種謊言的提問裡，女性大多提到與自己經驗有關的內容。

為什麼**多數女性會記述自己的經驗談？**主要原因來自男女的性別差異，因為比起男性來，**女性更容易自我揭露**（➡P68），尤其女性很習慣向母親和同性友人提起自己的事。換句話說，女性原本就容易自我揭露，才會在問卷調查上記述自己說謊的經驗。

相較之下，男性即使說謊也不輕易說出口。

說謊動機大不同

男女對說謊的動機*也有差異。

不論是誰，既然要說謊就不希望被拆穿，尤其女性的這種想法更強烈，因此會努力思考如何說謊而不被懷疑，為此會在腦子裡描寫合理的故事，必要時甚至會請朋友幫忙套好話。簡單地說，**女性說謊**

＊**動機**　讓人提高幹勁的內在心理作用，又分為外在動機（以斥責或誇獎方式來提高幹勁）與內在動機（好奇心與興趣等）。

的動機遠比男性高。

而男性就沒有女性那麼熱衷在編造謊言，所以很少會像女性一樣準備周到，通常都只是為了逃避當時的責任而說謊。

回答曾說謊的比率是多少？

以東京都內的大學生與社會人士為對象，調查男性與女性哪一邊比較會說謊。

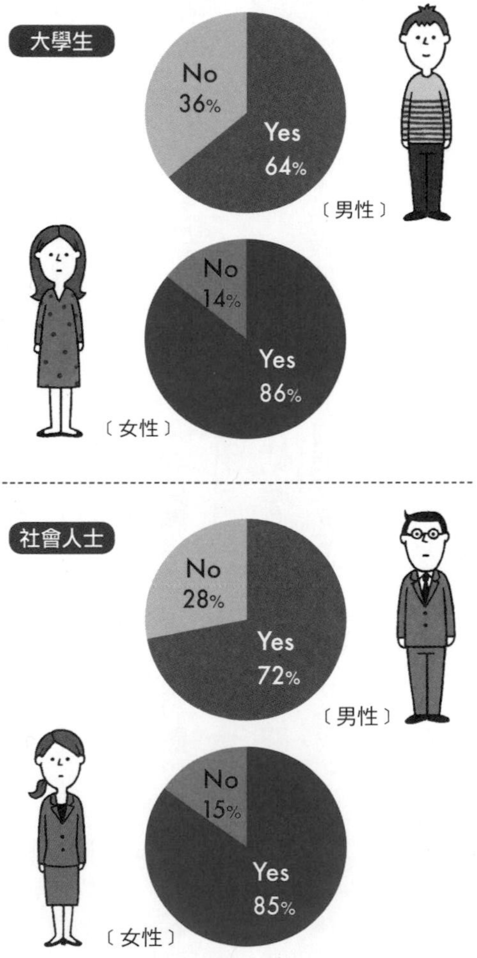
大學生
No 36%
Yes 64%
〔男性〕
No 14%
Yes 86%
〔女性〕
社會人士
No 28%
Yes 72%
〔男性〕
No 15%
Yes 85%
〔女性〕

摘自山梨醫科大學紀要的《人際關係裡的deception（謊言）》（澀谷昌三）

3

男人與女人常說的謊言差異

以能和對方維持良好關係的謊言為優先

男性說謊以「虛榮」和「利害關係」為優先

在對東京都內的大學生與社會人士所做的**說謊***理由**調查裡，就**十二種謊言**（➡P215）來說，不論大學生還是社會人士，男女回答的第一名與第二名都是**「設防火牆」**。

以「設防火牆」的謊言來說，例如明明是聯誼，卻打著同好會的名義邀朋友參加，或以不同於原來的形式告知要去的地方與目的等。說這種謊的目的，通常是要**預防可能發生的問題**，**以維持和對方的良好關係**。

而且以男性的情形來說，通常還會以**「虛榮」**和**「利害關係」**為優先來說謊，例如明明沒有女友卻說有（虛榮），或如果與金錢有關，就會設法讓自己站在有利的立場（利害關係），最大特徵就是**既表面又充滿算計**。

換句話說，男性雖然會為了不讓彼此關係惡化而說謊，但更會**為了極力讓自己看起來更好、明顯比對方更優勢而說謊**。

女性是為了「合理化」與「逃避責任」

至於女性說謊的目的除了設「防火牆」外，同時也是為了**「合理化」**與**「逃避責任」**而說謊。「合理化」的謊言包含沒能遵守約定時，或事後被追究時所說的藉口與辯駁；「逃避責任」的謊言則是明

*** 說謊** 愛說謊的人當中，有些人是罹患了謊語症，明明不會有任何好處，卻忍不住慣性說謊，甚至會將幻想與現實混淆一起，或將過去與未來、願望等混淆一起。

明不知道，卻在情急下說知道，為撇清當時責任所說的謊。這類謊言可以說都是人們**為避免人際關係惡化，同時保護自己**的一種表現。

簡單地說，女性比男性更懂得**為維持與對方的關係而說謊**。

女性的另一個特徵是常常因「**關懷**」而說謊，同樣也是為了維持與對方的良好關係。

說謊的五大理由

人們為什麼會說謊？針對東京都內的大學生與社會人士所做的調查來看，男女說謊前五名分別如下：

大學生的情形

男性		女性	
第1名	逃避責任	第1名	設防火牆
第2名	設防火牆	第2名	合理化
第3名	虛榮	第3名	虛榮
第4名	利害關係	第4名	逃避責任
第5名	開玩笑	第5名	關懷

昨天那個女的是誰？
啊，那是來拉保險的啦。

社會人士的情形

男性		女性	
第1名	設防火牆	第1名	設防火牆
第2名	虛榮	第2名	逃避責任
第3名	關懷	第3名	合理化
第4名	利害關係	第4名	關懷
第5名	隱匿罪行	第5名	開玩笑

我明天要去住朋友家。
我看是去住男友家吧？

摘自山梨醫科大學紀要的《人際關係裡的deception（謊言）》（澀谷昌三）

4

女人為什麼能看穿男人的謊言？

女性擁有較強的非語言溝通能力

女性比較能讀取對方的情緒

別說是劈腿這種天大的謊言，就連綠豆芝麻般小的謊言，都會引起她的懷疑，甚至完全被拆穿。**女性這種看穿謊言的能力**簡直天下無敵，相信只要是男性應該都有過這種經驗吧。

女性的這種洞察能力對男性來說，簡直和超能力沒兩樣。

人類除了語言之外，還能透過表情和身體動作來與人溝通（**非語言溝通**⬇P172），也能從中判斷對方的情緒與心理狀態，只是這種判斷能力存在個人差異，能否做出準確判斷，端賴自己能否敏銳察覺對方的表情與動作等變化，也就是受敏感度強弱所左右。

根據美國心理學家羅森塔爾*（Robert Rosenthal）所進行的非語言資訊敏感度測驗結果來看，通常**女性明顯比男性更具有從表情與動作等非語言資訊中讀取對方情緒與心理狀態的能力**。

從育兒中培養出的能力

為什麼女性比男性更具讀取對方情緒與心理狀態的優秀能力？

原因當然很多，首先是在人際關係裡，**女性自古就比男性被迫處在被動的狀態裡，因此對對方的非語言資訊變得很敏感**。

育兒工作也是一個很大的原因，因為自古育兒工

＊**羅森塔爾**　美國哈佛大學的心理學家，為研究共鳴能力而做過非語言資訊敏感度實驗（PONS），同時也是比馬龍效應（P232）的提倡者。

作就是由母親負責，而為養育還不會說話的新生兒與幼兒健康長大，必須敏銳讀取孩子微妙的表情變化與身體動作，才有辦法立刻做出反應。

或許就是因為存在上述的背景原因，大家才會說「女人的直覺很敏銳」。身為男性的你，如果對她還有什麼祕密的話，一定要特別小心，因為說不定早就被她看穿了。

為什麼女性擁有看穿謊言的優秀能力？

女性一向比男性擁有更高的能力，能從對方的表情與動作來察覺對方的情緒與心理狀態，這到底是為什麼？

1 因為女性在人際關係上的立場所致

女性自古就被迫處在被動的立場裡，因此對對方的非語言資訊變得很敏感。

2 因為是育兒必備的能力

為回應還不會說話的新生兒與幼兒的需求，必須敏銳讀取孩子微妙的表情變化與身體動作，因此培養出這種能力來。

6 看穿謊言的訣竅

觀察對方為隱瞞謊言而表現出來的身體語言

撲克臉一樣危險？

前面提到女性因為直覺敏銳，擁有看穿男性謊言的能力，但男性卻不擅長看穿女性的謊言，為提供男性當參考，在此就來介紹看穿對方謊言的訣竅。

當人想說謊或隱瞞事情時，都會因為**受不了良心的譴責而不安，因此在潛意識裡產生某些變化，並表現在外**，最淺顯易懂的情形就是臉部表情的變化，不過因為此時說謊者**為了不被人發現自己說謊，會很努力裝出撲克臉*來**，所以不妨觀察說謊者的視線與臉部表情以外的身體動作，就能看穿謊言，因為此時說謊者會貫注所有精神在維持撲克臉，**很容易疏忽臉部以外的其他部位**。

看穿謊言的線索在於身體語言

換句話說，此時要從手和腳等身體語言來看穿謊言。在此介紹幾個值得觀察的線索：

①手勢變少或想將手隱藏起來

因擔心手勢動作會被看穿自己正在說謊，所以會減少手勢動作，或出自同樣的理由，想將手隱藏起來。另外握拳或雙手十指交握，或用一手抓住另一手等，也都是想將手隱藏起來的心理作用。

②摸臉的次數增加

尤其是摸嘴巴和摸鼻子的動作會增加，因為嘴巴是說出謊言的地方，所以會下意識想遮住嘴巴，例如用整個手掌遮住嘴巴、觸摸嘴巴四周、用手指摳

***撲克臉** 為避免被對方讀取自己的心理狀態，刻意裝做沒有表情的情形，來自撲克牌遊戲。

嘴巴等。

想遮住鼻子的動作也一樣，因為說謊時有不少人的鼻子會張開來（**木偶鼻效應**），所以此時會忍不住去摸鼻子，或用手遮住鼻子，尤其只要用手遮住鼻子，就結果來說也會同時遮住嘴巴。

③雙腳開始不安分

不斷換邊翹腳，或抖腳也是一樣，都是打算說謊或正在說謊時常見的動作。不過想早點結束話題或覺得談話內容很無趣時，也有可能出現這種動作，所以要從腳來看出對方的謊言或許不容易。

④點頭附和的次數比平常多

只要一停止對話，就會因為擔心自己的謊言是否被拆穿而點頭附和，試圖讓對話繼續順暢進行。

⑤距離比平常遠

平常交談時為表示親近會靠得很近，但想說謊時會因受良心譴責而下意識地保持距離。

戀愛心理見聞

小木偶的電影與原作差異令人震驚

小木偶就是眾所周知的兒童文學作品《木偶奇遇記》裡的主角，在電影《木偶奇遇記》裡，是由老木匠蓋比特雕刻出來的木玩偶，並取名為皮諾丘。皮諾丘最討厭念書和努力，成天只會惡作劇，而且很會說謊，後來為了懲罰他，讓他只要一說謊鼻子就會變長……基本上是這樣的故事。

木偶鼻效應就是指說謊時鼻子會張大的情形，完全來自這個木偶奇遇記。不過原作品裡的皮諾丘雖然和電影裡一樣很愛惡作劇，卻聽信狐狸和貓的話，以為真的存在「能讓金幣變好幾倍的方法」，最後差點被吊死，這就是原作品的故事內容。

8 謊言被揭穿時該怎麼辦？

最重要的是道歉，但要注意找「藉口」的方法

坦率道歉最重要

不論謊言內容嚴不嚴重，最重要的是被揭穿時的因應法，尤其**當謊言或隱瞞的事被發現時，應該立刻坦率道歉**，這一點比什麼都重要。不過此時一定要**極力避免找藉口**＊，如果一直找藉口，聽在對方耳裡只會覺得你並沒有承認自己的錯，有時會因此更火大。

尤其更不可取的行為是不但不認錯還反而耍賴，或用更多的藉口來圓謊，這種時候不僅會更加惹惱對方，也會完全失信於對方，導致二人的關係出現裂痕。

人們如果找藉口，常常會被認為「不夠乾脆」，但若是**以理論來合理化自己行為的藉口，就是高度智慧的表現**。

簡單地說，不是像孩子陳述的理論，也不是用會被輕易揭穿的謊言來當藉口，而是聽起來完全不像藉口的藉口，這也是與人溝通的一種技巧。

回到謊言被揭穿時的道歉法，重點在於依據對方的生氣狀態來道歉。

基本上男性與女性生氣的點不同，男性通常是生氣為什麼會發生事情，女性則是生氣發生的事情傷害到她的心，所以**對男性要針對事情的發生而道歉，對女性要針對傷害她的心而道歉，而且要真心道歉才有效**。

＊**找藉口** 為對自己所犯的錯表達歉意而說明前因後果與理由的行為（摘自《廣辭苑》），但常常變成在自我辯解，給對方留下不好的印象。

有效的道歉法與不可取的行為

在此舉例說明表達自己道歉的心情，以緩和對方怒氣的有效道歉法，以及不可取的行為。

例 與情人以外的異性一起參加聯誼而被發現時

女性 → 男性

有效的道歉法

「對不起，我沒告訴你就去參加聯誼，以後我不會再接受這種聚會的邀請了，萬一拒絕不了，我一定會事先告訴你。」

※只要先針對發生的事實表達道歉的意思，之後簡單陳述一下理由，再提出今後的因應方式，對方就能接受。

不可取的行為

「對不起，還不都是因為你工作那麼忙，根本沒時間陪我，我也是因為覺得寂寞，才會答應邀約的。」

※道歉後竟然向對方表達自己的不滿，一副會去參加聯誼都是對方的錯，如此一來只會更惹惱對方。

男性 → 女性

有效的道歉法

「對不起，我傷了妳的心，因為朋友一直找我去，我不好意思拒絕，可是因為事先沒告訴妳，所以我玩得一點也不開心。」

※針對傷害對方的心道歉，並告知對方因為她沒去，所以自己也玩得不盡興，就能讓她覺得你很重視她，怒氣自然消了一半。

不可取的行為

「對不起，我並不是要瞞妳，是因為邀約來得太突然，我來不及告訴妳，要是妳朋友向妳哭訴說少一個人，妳應該也會很難拒絕吧？」

※完全在找藉口，感受不到想道歉的心，這種不誠實的態度，只會讓她更生氣。

提升戀愛力量講座《5》

為邂逅完美的伴侶

比馬龍效應與自我應驗預言

希臘神話裡有一個關於才華洋溢的年輕雕刻家比馬龍（賽普勒斯國王）的故事。他雕刻出理想的少女加拉蒂，卻因為太美而愛上雕像，於是日夜盼望雕像能成為真人，後來掌管愛與美的女神艾芙蘿蒂，被日形憔悴的比馬龍深情感動，於是實現他的願望，將雕像變成真人，讓比馬龍和加拉蒂成為夫妻。如同這個希臘神話一般，當我們對某人抱持強烈的期望時，會影響這個人的行為，而這個人最終會回應我們的期待，這種情形就稱為「比馬龍效應」。

相反的情形稱為「自我應驗預言」，例如即使是毫無根據的預言（傳聞或主觀認定），只要當事者相信這個預言而採取行動，最後預言會成真的情形。簡單地說，就是自己說過的話，最後成真的情形。

例如當男性強烈渴望「希望她能愛上我」時，男性會為了取悅她而開始充實自己，這樣的行為最終會讓男性變成好男人，就結果來說，當然很容易讓她愛上。

若一味採取等待的被動姿態，恐怕很難有機會認識不錯的伴侶，不妨試著催眠對方，讓對方愛上你，或試著催眠自己來充實自己，努力幫助自己走向成功的戀愛道路。

PART
7

與性有關的男人、女人心理

I 男人與女人對性的差異

男人是累積太久就會「想要」，女人是以滿足愛情為主要

男人沒有愛情也能上床

讓男女感情變複雜的原因之一，就是對性的看法不同，因此常聽「男人每天都想要，女人只要一週一次就能滿足」、「男人不論對象是誰都能上床、女人只和喜歡的人上床」。由於性與身體有關，所以男女間的性別差異當然很明顯。

男人就物理上來說，因為會累積精液，所以必須將精液釋放出來，換句話說，重點在於**「發洩出來」**，加上只要**累積一定的精液後**，**性慾必然會高漲**，因此只要時間與場所允許，隨時都有辦法和女人上床、也想和女人上床，這也是男人真正的心聲。

也由於「發洩出來」是最優先的事項，所以即使**不愛對方也能上床**，這也是男人會去色情店*消費，或能與許多女性上床的理由。

女人是為確認愛情而上床

至於女人因為身體構造與男人不同，所以不會有男人「累積太多很難過」的情形。女人重視的是對話與肌膚相親，並在這種喜悅之情的延長線上，**為了確認愛情而與男人上床**。換句話說，性對女人來說意義在於「被滿足」，唯有愛情得到滿足時，才會產生性慾。

男女的**高潮***也不一樣，男人只要射精就能得到高潮，但女人之間卻有很大的個人差異，沒有明確

*色情店 提供性服務的行業、店家。

的高潮定義（➡P246），有些人的高潮在於前戲，有些人在於後戲。此外，前後二次月經之間也有固定的性週期，因此即使愛撫方式一樣，也會有不同的感覺。

由此可見，女性對性的反應比較細膩。不過男性也並非只要射精就能得到滿足，唯有在身心兩方面滿足自己所愛的女性，男性才會有更大的成就感與自信。

差異很大！男女的性觀念

明顯呈現男女性別差異的是性觀念，因為身體構造本來就不同，也難怪會有這種差異。

	男	女
意義	釋放精液	確認愛情
性慾	只要有時間和場所隨時都行 	感受不到愛情就激不起性慾 
對象	可以好幾個 	基本上是一人 
感覺差異	沒有特別差異	因性週期而不同，排卵期特別有感覺
高潮	只要射精就能達到	個人差異很大，沒有明確定義

＊**高潮** 性快感達到最高的狀態。男女看待性行為的意義，有時會以能否達到高潮做為判斷基準，但一般來說，男性只在射精時會感到高潮。

2 什麼是濫交？

事後不麻煩的性，缺少的是真心相愛

濫交指的是**和並非認真交往的對象上床**的情形，包含一夜情*、與異性朋友上床、炮友等。

這樣的人在結束後，能乾脆的說聲「掰掰」就走人，維持**事後不麻煩的關係**，加上原本的目的就是上床而已，所以也不需要經過約會、喝酒、在耳邊輕聲細語……等過程，只要傳一封簡訊得到對方的同意就行，才會有女性為了解除寂寞、發洩情緒而與男人濫交。

雖方便也有風險

不過濫交也有風險，有些人明明是彼此同意才上床的，後來卻愛上對方，導致事情變得很麻煩，而且也會提高ＳＴＤ*（性病）**的風險**。

當然即使是認真交往的對象，也同樣存在這種風險，只是濫交通常是彼此都與多數人上床，所以風險自然會更高。

男人目的在滿足性慾與征服慾，但女人呢？

濫交缺少的是什麼？當然是愛情，沒有愛的性，或許能享受有如運動般的樂趣，但女性的本質是唯有感受到被愛時性慾才會高漲（➡P234），所以理論上濫交是無法滿足女性的，即使有那麼一瞬間能得到滿足，事後也**會充滿後悔與自責**。

另一方面，男性自古就喜歡與各種女性上床，所以「**好色**」一詞也是因為男性而存在，而**征服慾**

＊**一夜情**　One Night Stand。同名的美國電影描述偶然邂逅的男女共度一夜後，彼此沒有留下聯絡方式就分手，一年後再度重逢的故事。

強也是男性的特徵，才會有男星曾炫耀地說「睡過一百多個女人」，為自己征服過的女人數量而自豪。濫交並不需要花太多時間，所以有辦法和更多女性上床。

會濫交的男性，目的只在和更多的女人上床，而不是認真的交往，所以選擇女性的基準非常寬鬆，只想擁有更多的性伴侶，唯一重視的是對性行為表現出積極的態度。

但女性即使是為了逢場作戲而與男人上床，也不會因此降低期望水準（➡P104）。看來男女的性觀念的確大不同。

戀愛心理見聞

好色一代男是庶民男性崇拜的男人？

江戶時代大眾文學作者井原西鶴所著的《好色一代男》，描寫主角世之介隨心所欲的生活方式，不斷和各種女性發生性關係，被當時的庶民男性視為理想的生活方式，而「好色」一詞也因此作品被廣為流傳。

書中寫到「與三千七百四十二名女性交好，玩弄少年七百二十五人」，顯見與眾多女性及少年濫交。

書名也告知男主角終其一生沉溺於愛慾中，不曾擁有過妻與子。

＊STD Sexually Transmitted Diseases，亦即性病，是經由性行為感染的疾病，包含披衣菌、淋病、HIV（愛滋）、梅毒、滴蟲病、念珠菌、生殖器疱疹等。

5

女人誘惑男人的技巧

即使不用語言，也能透過其他技巧來操控男人

女人只能被動地等男人追求？

明治時代以後的日本，並不喜歡女性積極向男性示好，甚至會以充滿侮辱的**「淫亂*」**兩字來形容在性方面比較奔放的女性，顯示當時的風潮將女性的性慾視為禁忌，因此女性即使有性慾也只能一味地忍耐，或被動地等男性追求，而即使真的發生性行為，**女性也只能理所當然地被男性主導，永遠處在被動的立場**。

但**近年來，女性也開始主動享受性愛的歡愉**，背景原因來自女性開始擁有社會地位，加上草食男（➡P158）愈來愈多，女性若繼續採取被動的態度，就很難有機會與男人發生性關係。

或許可以說，今日的女性，已經面臨到不積極就很難有機會與男人發生性關係的狀況了（肉食女的出現）。

不著痕跡地誘惑男人的技巧

不過話說回來，即使時代如此進步，要女性主動誘惑男性，心裡還是存在相當大的抗拒，但其實**就算不用語言傳達，也能不著痕跡地傳遞訊號**。

例如穿上比較暴露的性感服裝去約會，或一起喝酒時藉機碰觸彼此肩膀，甚至用手去碰男性的手肘等等，就連女性充滿熱情的視線也很有效果。

其實，女性原本就比男性更加擅長非語言溝通（➡P172），要巧妙使用這些技巧，應該不是什

***淫亂**　放縱情慾採取猥褻的行為，在性方面放蕩自己的情形（《廣辭苑》）。在日本，除已婚者外，設有禁止未滿十八歲男女進行「淫亂行為」的罰則。

麼難事。

一般來說，男性很容易被女性的這種技巧迷惑，只是這些技巧如果用得太大膽或過度熟練，反而會被男性懷疑「這個女人應該很習慣玩男人」，有可能因此被認定不是好的結婚對象。

這些技巧婚後也能用來對付丈夫，就能有效維持夫妻間的感情，避免失去談戀愛時的刺激感。

非語言溝通

女性有時會利用非語言溝通方式來誘惑男性。美國心理學家奈普（Mark L. Knapp）將非語言溝通分類如下：

分類	非語言工具
身體動作	舉止動態、姿勢、表情、眼球移動等
身體特徵	容貌、頭髮、身材、皮膚、體味等
接觸行為	是否會肌膚相親、肌膚相親的方法
並行語言	哭與笑等接近語言的動作、聲音高低與節奏等
人際距離	與他人的距離取法和就坐行為（坐的位置等）
外貌服飾	化妝、服裝、配件等
空間使用	家具、照明、溫度等

7 忍不住假裝高潮的女人

因男人很在意是否能讓女人「達到高潮」，所以女人會賣力演出

讓女人達到高潮是男人的勳章？

男性在性行為的過程中會很在意女性是否已經「達到高潮」，因為男性似乎認為**讓女性「達到高潮」是男人的勳章**，所以若覺得女性「還沒達到高潮」，就會認為「我的技巧還不行」、「難道我的陰莖太小了」，因此失去自信。

但其實關於「高潮」，女性和男性的感受方式完全不同，以男性來說，會有明確的「高潮」感覺，也就是**「射精*」那一剎那就是達到高潮的瞬間**（⬇P234）。

但**女性卻沒有明確「達到高潮」的瞬間**，有些女性會從陰道中感覺到，有些女性會從陰蒂裡感覺到，也有些女性是被碰觸胸部就會有感覺，甚至有些女性只要被親吻就會有感覺。

其實女性就算沒有達到高潮，也不代表不被滿足，因為前後的對話與肌膚相親，就能讓許多女性感到滿足。

由於男性不理解男女的這種差異，會以自己的高潮標準來衡量女性，確認女性是否已經「達到高潮」，所以**女性為了取悅男性才會努力演戲**。

一般認為，日本女性每四人當中，就有三人會假裝高潮。

讓男人瞭解女人的高潮

女性假裝高潮並非壞事，如果能因此保住男性的

＊**射精**　從男性生殖器裡射出包含精子在內的精液的情形。在性行為過程中太早射精的情形稱為「早洩」，相反時稱為「遲洩」，在睡眠中射精的情形則稱為「夢遺」。

自尊，進而維持二人的和諧關係，當然就值得繼續演下去，問題是萬一被男性發現的話，事情恐怕就會很棘手。

其實真正的問題所在，是**男性並不瞭解女性的高潮形態**，所以女性不妨主動向男性說明，自己在哪種時候會覺得很舒服，不必覺得難為情，應該開誠布公的說出來，唯有如此才能加深彼此的瞭解，也才能得到真正的快感。

男女大不同的高潮

男人的高潮在於射精那一瞬間，女性卻沒有明確的高潮瞬間，通常是在性行為過程中感受到幸福，而且時間比男性長久許多。

男性的高潮曲線〈例〉

● 最高點是射精的瞬間，就時間來說只有幾秒鐘，感覺是來得急、去得快。

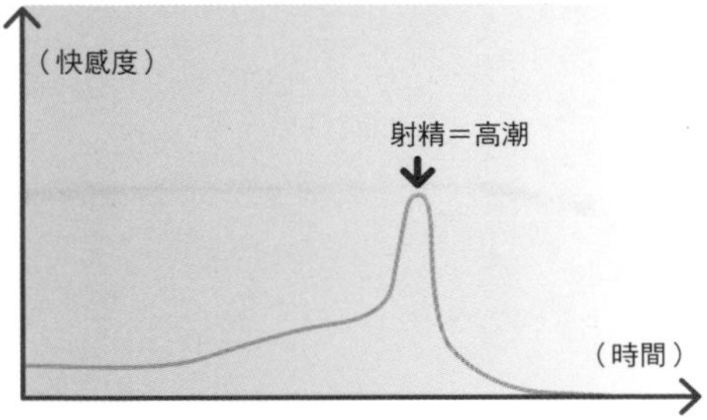

女性的高潮曲線〈例〉

● 女性的高潮不是只有一次，有時會像波浪般不斷出現。

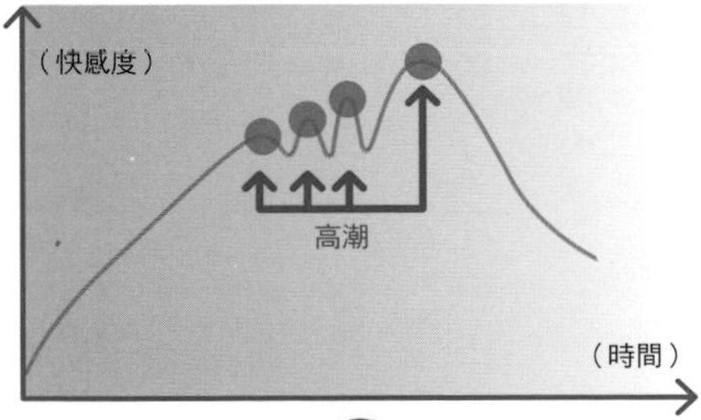

只要在男性射精那一瞬間，女性也同時有絕倫的感覺，二人就能同時達到「高潮」，讓彼此更加合而為一。

8 性騷擾的心理

讓對方覺得不舒服的性暗示言行就是性騷擾

性騷擾會讓對方感覺厭惡

性騷擾*（sexual harassment）就是「令人厭惡的性暗示」，既然會「令人厭惡」，**表示對被性騷擾的人來說，當然是不想接受的不愉快行為**。性騷擾會發生在職場或學校等，有時是女性被男性性騷擾，有時是男性被女性性騷擾。

性騷擾有哪些情形？

除了觸摸對方胸部、臀部、私處等，讓對方深感厭惡的情形外，還包含用言語進行的性騷擾，例如說壞話或亂傳八卦時，只要說的內容含有性暗示，就是性騷擾。

另外強迫百般不願的對象與自己發生性關係的言語也是性騷擾，或不斷以猥褻眼光看對方，造成對方倍感壓力的情形也是性騷擾。

千萬別採取令人不齒的行為

性騷擾有各種不同的心理，在此舉其中幾種情形：

①突然有想發生性關係的需求。

②一旦掌權就過度產生自信，開始將下屬視為可發生性關係的對象。

③認為優先滿足自己的需求是理所當然的**自戀型人格障礙**（⬇P89）者，會以為自己不論做什麼事都能被人接受。

④利用性暗示的言行來抒發自己鬱悶的情緒。

---

* **性騷擾** 日本在二〇〇七年修改男女雇用機會均等法時，將男性也列為可能被性騷擾的對象。

⑤在家庭內不被尊敬的人，往往會有很強的慾望，希望被他人（尤其是女性）理解，於是採取過度的行為。

⑥面對自己喜歡的女性（男性），表現出過度的親切。

⑦被拒絕後就懷恨在心，開始故意騷擾對方。

以上只是其中幾例，有這種情形的人一定要注意，因為被迫接受這些行為的人有可能覺得無傷大雅，也有可能因此提起告訴，為避免變成犯罪行為，一定要多加留意。

何謂性騷擾？

站在被迫接受不想看到的言行舉止的立場來看，性騷擾等於是「侵犯基本人權」，即使是站在性別（社會上的性別差異）立場上強迫他人接受自己的想法，也可視為一種性騷擾。

性騷擾類別（厚生勞動省訂定的指南）

種類	類別	具體行為
對價型性騷擾	交換條件來換取肉體上的關係	要求發生肉體上的關係。例如加害者有時會以「如果想加薪」、「如果不想被辭退」為要脅，提高滿足自己慾望的成功率。
環境型性騷擾	利用種種方法讓對方處在很難工作的環境裡	公然攤開刊載有性報導的體育報、用眼睛掃描對方每一吋身體等。
		提出性暗示的意見或問題、刻意亂傳八卦、要求發生肉體關係的發言等。
		每次走過對方背後時，刻意觸摸對方的身體等。

9 很愛嘗試刺激的性

愈被視為禁忌愈能讓人興奮，但必須雙方同意才行

為追求更大的刺激而想嘗試

人們對性有什麼期待？有些人是追求「心靈平靜」與「療癒」，有些人是追求「快感」與「刺激」，每個人的答案都不同。

其中會追求快感與刺激的人，通常都有**比較病態的性行為慾望**，無法對男女常見的「普通性愛」感到滿足，很想嘗試肛交、SM（➡P251）、3P（三人同時進行的性行為）、交換伴侶（交換性伴侶的集體性愛趴）等異常性行為。

不過這樣的人並非一開始就只對病態的性行為有興趣，在性經驗還不夠多時，對普通性愛也能感到滿足，但**隨著經驗的累積，開始想追求更大的刺激，才會興起嘗試各種性愛的想法**。

對病態的性行為沒有興趣的人，恐怕無法理解為什麼有人會這麼愛這種事，只會覺得「好可怕」、「好噁心」，但其實性愛還存在**愈被視為禁忌**＊**愈能讓人興奮**的一面。

不妨回想一下自己在孩童時期裡，背著父母偷偷惡作劇的情形，儘管內心覺得愧疚，還是會很興奮吧，因為人都會對禁忌感到興奮，所以病態的性行為也是因為被視為禁忌，才讓人如此興奮。

依時代與狀況而改變的禁忌

什麼是禁忌、什麼不是禁忌，完全由社會和輿論決定，只要時代與狀況不同，原本的禁忌就有可能

＊**禁忌** taboo，源自波里尼西亞語的tabu，是十八世紀末探險家庫克船長在介紹波里尼西亞的習俗時所用的語詞，之後被流傳開來，指不適當的話題等。

不再是禁忌，例如婚前性行為早期被視為「淫亂」，但今日卻變成確認彼此適不適合的行為之一，已經能被大家接受。

簡單地說，目前仍被視為禁忌的病態性行為，只要時代與狀況改變，或許就會被視為一般的正常行為。

其實情侶之間並不存在社會和輿論，不論要採取哪種性行為，外人都沒有資格評論，這也是情侶真正的心聲，不過**必須取得雙方的同意，並以不傷害任何人也不犯罪為條件**，否則若強迫女性接受SM玩法就會變成DV，而若大方在室外進行被看見，就會觸犯**公然猥褻罪**＊。想採取病態性行為的人，千萬別忘記這一點。

戀愛心理見聞

虐待狂與受虐狂的由來

SM 的 S 是虐待狂（sadism）的簡稱，亦稱施虐狂，會透過帶給對方精神與肉體痛苦的方式得到快感。法國的薩德侯爵（Marquis de Sade）嗜好充滿暴力的色情，是專寫追求個人肉體快樂的知名小說家，而他自己也是一個極盡喜愛虐待與放蕩的人，虐待狂一詞就是來自他的名字。

M 是受虐狂（masochism）的簡稱，會藉由被施予肉體痛苦和羞恥心、屈辱感來得到快感，來自奧地利作家馬索克（Sacher Masoch）的名字。

＊**公然猥褻罪** 在不特定多數人會看到的地方公然進行猥褻行為，以致觸犯刑法的規定。此外，公然讓大家看猥褻物的行為，則觸犯「公然陳列猥褻物品」的規定。

10 無性夫妻

將對方視為家人，厭倦這種零緊張感

丈夫就是「爸爸」、妻子就是「媽媽」

最近情侶或夫妻的**無性**＊生活常常引起話題，根據日本家族計畫協會所進行的共同調查結果顯示，無性夫妻的比例年年增加，二〇〇四年時是32％，二〇〇六年成長為35％，二〇〇八年上升為37％，二〇一〇年時繼續上升為41％。

無性生活不但有各種原因，也會受社會情勢影響，不是一個可以簡單討論的問題，在此只就心理層面來探討看看。

通常提到無性時，多以次數為衡量標準，但即使次數很少，只要雙方都對這種狀態感到滿足，就沒有必要特地用「無性」一詞來突顯問題，所以問題的真正所在不是次數，而是**「伴侶其中一方想要性生活，卻遲遲無法實現」**。

無性夫妻最常見的情形就是**「只將對方視為家人」**，尤其是有小孩後，更容易陷入這種狀態，因為身為父親與母親的存在感愈來愈強，導致雙方逐漸不再將對方視為單純的「男人」與「女人」，而是深受彼此互叫「爸爸」和「媽媽」的身分影響。

既然是「爸爸」和「媽媽」，如果有性行為，感覺就像家人之間在亂倫，才會在潛意識裡產生厭惡感。

零緊張感的夫妻

長年的夫妻生活裡，難免會對另一半累積許多不

＊**無性**　日本性科學會將無性定義為「明明沒有疾病等特別理由，卻超過一個月沒有性行為，且預計這種情形之後仍會持續下去」。

滿，例如太胖、口臭、懶惰……，即使都是**芝麻小事，只要累積太多就會引發負面情緒**，要避免這種情緒爆發，當然要避開近距離的身體碰觸，所以才會有妻子抱怨「他以前明明很棒的」。另外因為太親近導致**失去緊張感**，也是很大的理由之一。

要解決這種無性生活，必須喚醒或努力恢復二人對性的本能，而要達到這個目的，**必須維持談戀愛時感受到的適度距離感與緊張感**。想結束無性生活的夫妻，不妨偶爾將孩子託給別人帶，然後好好打扮一番再出去約會。

戀愛心理見聞

來自希臘神話的情慾和死亡本能

希臘神話裡的美少年愛神 Eros，是眾神裡最年輕的神，背上還有一對羽翼，且隨身攜帶箭袋，就和羅馬神話裡的愛神邱比特一樣。Eros 是「能帶來生育與繁榮的愛神」，地位非常特別。

至於「愛」這個字，意味著「想追求智慧等自己欠缺的要素的衝動」，據說最早是由古希臘哲學家柏拉圖提出，但基督教將這個字用來指「性愛」，而奧地利的精神分析學家佛洛伊德則將包含性本能、自我保存本能在內的與性有關的本能稱為「情慾（Eros）」，並將情慾表現在能量上的情形稱為「原慾」。

佛洛伊德還進一步將情慾的相反稱為「Thanatos」（希臘神話裡的死神），意指死亡本能（衝動）。換句話說，人都擁有性的本能情慾與死亡本能，而性的本能代表就是性衝動，也就是原慾。

炫耀……89、200
相似法則……25、64

十劃

個人空間……66
個人距離……24
個性不合……186
原慾……71
留種……240
真命天子……138
草食男……134、158
記憶……182
退休離婚……188
配對假説……64、152
高潮……246

十一劃

假面夫妻……176、179
做作女……134
偶像阿宅……92
婚前憂鬱症……106、128
婚活……109、159
情緒二因論……162
情慾……253
接近性因素……138
第一印象……54、56、142
麥拉賓法則……54

十二劃

善於傾聽……62
善於誇獎……60
單純曝光效應……174
報酬……160
替代行為……184
期望水準……104、237
無用男……146、198
無性……252
無價值感……170
虛榮心……200
開黃腔……82

十三劃

媽寶……86、98
愛情風格……43
愛情顏色理論……43
新型憂鬱症……78
溫莎效應……150
禁忌……250
腳踏兩條船……154
解碼……223
達成基準……104

十四劃

厭惡的回饋性……60
精神虐待……164
認知扭曲……130
遠距離戀愛……174
領域……66、126

十五劃

價值觀不合……186、188
劈腿……165、188、226
撲克臉……224
敷衍回應……102
熟女……99
熟年離婚……188
熟知性法則……60
熟稔語氣……194
編碼……223

十六劃

親和慾……20、23
親密距離……24、66、67、68

十七劃

應聲蟲……95
濫交……236

十八劃

歸因錯誤……162
禮尚往來原則……161
藉口……203、204、230

十九劃

羅密歐與茱麗葉效應……162
鏡映……65
難到手效果……70、104

二十三劃

戀父情結……18
戀母情結……87
戀物癖……123
戀愛依存體質……140

INDEX

【用詞索引】

英文

DV 148、164

一劃

一見鍾情 152

二劃

二次元文化 122
二次元禁斷症候群 122
人生劇本 135
人格面具 135

三劃

小白臉 98、108

四劃

不舉 244
公眾距離 67
午餐技巧 74
反社會人格障礙 110
心理抗拒 71
支配慾 20
月暈效應 105
木偶鼻效應 225
比馬龍效應 232

五劃

主場優勢 96
外在歸因型 78
外射 165
外遇 226
失能家庭 140
大陽具神話 244
母子緊密關係 87

六劃

交互作用 166
光暈效應 105
光環效應 105
全有全無的思考 130
共依附 32、98、140、148
共鳴 116、138
印象管理 135、143
同步性效應 115
同情心疲乏 117
地盤意識 126
好感的回饋性 60、161
死亡本能 253
肉食女 158
自我主張 36、124、192
自我呈現 68
自我防衛 25、183
自我防衛反應 202
自我肯定感 136
自我揭露 68、115、216
自我揭露的回饋性 68
自我評價 92、136
自我認同 146
自我親密行為 29
自我應驗預言 232
自我顯示慾 36、192、200
自卑 122、196
自卑感 101
自尊 200
自尊心 61、120、134
自尊理論 136
自尊需求 61、134、136
自戀 78、140、156、228
自戀狂 36、156、185、200、228
自戀型人格障礙 89、248

七劃

投射 165
男人運 198
身分 50
身體接觸戰略 132
防衛機轉 183、202

八劃

依附 48、118、178
彼得潘症候群 90
性生活不合 186
性感 240
性騷擾 248
爸寶 118
知性化 196
社交距離 67
阿宅 122
附和 63
非語言溝通 172、220、242

九劃

幽默 84

圖解戀愛心理學（二版）

談戀愛就像心理戰！你的愛情，有多少真心話和大冒險？史上最強情場攻心術與識人術

面白いほどよくわかる！恋愛の心理学

作　　者　澀谷昌三
譯　　者　蕭雲菁
插　　圖　カモ、平井きわ
原書設計　佐々木容子（KARANOKI Design Room）
原版編輯　peakone有限公司
封面設計　郭彥宏
內頁構成　簡至成
行銷企劃　蕭浩仰、江紫涓
行銷統籌　駱漢琦
業務發行　邱紹溢
營運顧問　郭其彬
責任編輯　何維民、賴靜儀
總 編 輯　李亞南
出　　版　漫遊者文化事業股份有限公司
地　　址　台北市103大同區重慶北路二段88號2樓之6
電　　話　(02)2715-2022
傳　　真　(02)2715-2021
服務信箱　service@azothbooks.com
網路書店　www.azothbooks.com
臉　　書　www.facebook.com/azothbooks.read
發　　行　大雁出版基地
地　　址　新北市231新店區北新路三段207-3號5樓
電　　話　(02)8913-1005
訂單傳真　(02)8913-1096

二 版 1 刷　2023年10月
二版3刷(1)　2024年5月
定　　價　台幣450元
ISBN　978-986-489-872-5

國家圖書館出版品預行編目 (CIP) 資料

圖解戀愛心理學 : 談戀愛就像心理戰! 你的愛情, 有多少真心話和大冒險? 史上最強情場攻心術與識人術 / 澀谷昌三著 ; 蕭雲菁譯. -- 二版. -- 臺北市 : 漫遊者文化事業股份有限公司, 2023.11
面 ; 　公分
譯自 : 面白いほどよくわかる! 恋愛の心理学
ISBN 978-986-489-872-5(平裝)
1.CST: 戀愛心理學 2.CST: 兩性關係
544.37014　　112017638